U0059961

現代人際關係
防禦術

看破小人手腳，遠離豬隊友，
在善惡難辨的職場上，
你需要的是
能夠逢凶化吉的能力！

前言

一句「人在江湖飄，誰能不挨刀」說出了世道的辛酸和滄桑，我們在社會上求生存、求發展，就必須和各式各樣的人打交道，而又有一句話說「知人知面不知心」，誰也不知道與我們相處的人，到底是一個什麼樣的人。也許正是因為我們往往會被對方的外表迷惑，挨刀也就在所難免了。

想要在這個紛繁複雜的世界裡生活如魚得水，那就需要提防一些會傷害你的人，一旦接觸到這樣的人，你就要提高警惕，處處留心。

那到底我們應該提防一些什麼樣的人呢？

本書中，我們將對那些你需要特別提防的人一一作出介紹，而且還有一些防範方法。

有些人是道德品質的問題就不能不當心，比如說「笑臉人」或「雙面人」。這種人往往是披著和善的外衣，讓人覺得他是一個和藹可親的人，來騙取信任，並從你那裡得到他們想要的資料或其他東西，然後開始利用你對他的信任來攻擊你，在你還沒有意識到的時候，已經把你弄得遍體鱗傷。還有些人比如「沒良心」、「不孝子」，這些人幾乎沒有什麼道德可言，在他們的身上，找不到一點

人性當中的善良和溫暖，與其被這些人傷害，不如早早就遠離他們。

另外有些人是由於自身素質或者成長環境的關係，往往有一些會損害別人的毛病。比如說「大嘴巴」、「吹牛大王」，但這些人通常不是有心要傷害誰，只是出於自己的習慣，但是他們的無心之舉，可能就會對你造成極壞的影響。

還有些人是因為自己沾染了不良的嗜好，如賭博或酗酒，任何一樣都可能會使一個人變成喪失良知的人。他們為了滿足自己的嗜好，往往是什麼事情都幹得出來。和這種人相處，一定要當心，一方面不要讓他們把自己拖下水，另一方面不要被他們矇騙。

林林總總，難以概述，社會上存在著各種我們需要提防的人，我並不是要大家對每一個人都拒於千里之外，只是希望每一個人都能夠平平安安地在這個社會上生存，不會被別人矇騙、被別人傷害；只是希望每一個人都可以遠離那些品行不端的人，和那些正直善良的人做朋友；只是希望書中提到的人物，在這個社會上可以少一點。

需要當心的人，並不是通過一本書就可以說清楚的，我們只是盡可能地讓讀者能夠警覺地重新審視一下自己周圍的人，避免遭到傷害。

目錄

第三章

無理辯到有理——愛刁難的鐵齒銅牙

目錄

目錄

目錄

第1章
總有一天折斷腰

勢利的牆頭草

牆頭草善於攀附權貴，見風轉舵，只要是哪一方對他有利，他就會馬上投靠到那一方。態度變化速度之快，讓你無法想像。

首先看清身邊的人

如果某人非常勢利、見利忘義，這種人是不適合以朋友的身分出現在我們生活中的。

例如有個企業，小葉當總經理時，一位高層職員經常到小葉家裡坐坐，對小葉奉承一番，還帶了很多禮物，而當小葉卸任，阿發當上總經理時，這位高層職員卻馬上到阿發家送禮，並數落小葉的不是，將阿發捧為最英明的主管。可是天下沒有不透風的牆，阿發聽到了八卦消息，果斷地將這位高層職員冷落在一邊。

這種「牆頭草」的通病是：在你得勢時，他錦上添花，當你失勢時，他落井下石。他不懂得什麼是真誠，只知道什麼是權勢。因此，這種人不能親近。古往今來，迫害恩人、出賣朋友為自己邀功請賞的人比比皆是。

如果某人為官在任，聚集在他周圍的人很多，可謂門庭若市，牆頭草為結交做官之人，會想盡、用盡所有高招。但倘若這人一旦落魄倒楣，周圍的人一下子沒有了，則是門前冷落鞍馬稀，為什麼？因為你沒有了權勢，別人再也無法利用你了。而在你失意時，經常到家噓寒問暖的人才是最可交的。哪怕是起初你認為這人很愚笨、不會說話，但是日久見人心，屆時，你會為當初的想法感到後悔，真正可以做朋友的人，當初怎麼沒發現呢？

有一位楚國人，擁有兩名妻妾，長得非常美麗。有個年輕人，看中這兩名妻妾，便先接近年齡大的那位。沒想到那位年長的張口就斥罵他：「你這個禽獸不如的小人，快滾遠點。」

年輕人只好識趣地走開。求歡不得，他便轉移目標，追求另一位小妾，對她表示愛意，兩人很快便勾搭上了。過沒多久，這個擁有兩名妻妾的楚人死了。

有位客人對那位年輕人說：「人家的丈夫死了，你打算要娶哪個人為妻呢？」

年輕人說：「我要娶那個年齡大的。」

客人說：「年齡大的罵過你，年輕的順從你，你為什麼還要娶那個年齡大的呢？」

年輕人說：「當她還是別人的妻妾時，會為了自己的丈夫罵我，表示她會對丈夫很忠誠。現在我選擇年齡大的做我的妻子，就希望她也能像之前對待她丈夫一樣對待我。」

信任忠誠，那些經過長期考驗、值得信賴的人，而不輕信那些勢利的人，才能避免禍害，萬事亨通。

貶低別人為樂的馬屁精

人多的地方就總有那麼幾個馬屁精，其實馬屁精也算不上是十惡不赦，但如果拍

馬屁是在貶低他人而取悅另一人的基礎上進行，那這個馬屁精就極其討厭了。

我們公司裡的阿傑就是一個馬屁精。他最擅長的伎倆是見風轉舵，只要有利用價值就無所不拍，拍長官、拍有背景的同事。可惡的是，他拍馬屁時經常貶低別人，一次他剛得知新來的同事大美是公司老總的小姨子，就巴結大美說：「這件銀色外套配上你這件毛衫真是好看，如果小花穿上就不好看，她沒你白，穿衣服又沒品位。」

別人總是受到他的這種排擠，心裡特別憤怒，但又不想與之當面爭執。我就漫不經心地對一個愛傳小道消息的同事說大美是某樂團的歌迷，又說她的男朋友長得高大英俊，另外大美唱歌最好聽，音質極像知名歌唱天后。

這些話很快傳到阿傑的耳中。第二天，他就給大美送來一盒樂團的專輯，大美連連擺手說：「不聽不聽。我最討厭他們的歌了。」阿傑一愣，趕快轉舵道：「其實我也不喜歡他們。對了，聽說妳男朋友是個帥哥，什麼時候讓我們見識一下？」大美聽了有些不悅：「我不喜歡談私事。」

阿傑倒是很識相，接道：「晚上有沒有空？我們一起去唱歌怎麼樣？反正是週末，大家開心唱通宵。」大美搖頭說不去。阿傑勸道：「去吧，我還跟我的同學說今天要給他們帶個歌后去呢！」大美說：「你邀請小花呀，我們是高中同學，她才是我

們學校的『歌后』。」

阿傑一聽不再說話，訕訕地回到自己的辦公室，他從大美的冷漠裡似乎明白了什麼。後來他知道了：：原來大美最討厭那個樂團；大美的男友身有殘疾，走路不方便；大美五音不全，根本不喜歡唱歌。自此阿傑再也不敢拍人馬屁了。

碰上這樣的「馬屁精」，千萬不要被他的吹捧迷惑，更不要飄飄然不知所以，而應時刻小心謹慎，盡力使自己和這類人保持一定距離。以便冷靜地觀察對方的舉止行為並準確分析對方吹捧你的真實目的。

表面工夫不壞，壞在居心叵測

俗話說：：「人心隔肚皮。」有些人居心叵測，當面做一套，背後又一套，對這樣的人應慎而又慎，更談不上結交為朋友了。

至於某人是不是「牆頭草」，如果沒有先見之明，在短時間內是很難分辨的。這樣的人往往在你面前說得優美動聽，誇得你不禁飄飄然。當面說的都是一些忠貞不二的話，表現出的是忠誠老實的樣子，但背後說不定有更險惡的心機。說得輕一點，具有「牆頭草」個性的人善於搬弄是非。在你面前說他人的壞話，在別人面前說你的壞話，不鬧出矛盾，絕不罷休。

「牆頭草」最慣用的伎倆就是偽裝，這種偽裝的工具就是能把活人說成死人，能把死人說成活人的語言。縱觀中國歷史，有許多盛極一時的大奸臣能得到皇上的寵信，究其原因除了皇上昏庸無能外，很重要的一點是這些大奸臣會諂媚、巴結皇上，能把忠良之臣置於死地。而真正可靠的還是那些敢於諫言的忠臣，唐朝魏徵經常向皇上諫言，可能這些諫言不太好聽，但絕對有好處，只是忠言逆耳。

《紅樓夢》裡的王熙鳳，被人稱為「明裡一盆火，暗裡一把刀」，表面上對尤二姐客套親切，背地裡卻把她置於死地。與這樣的人交往時，應多注意周圍的人對他的反映，雖然與這樣的人在短期交往中很難發現其性格特徵，但接觸時間長了便會清楚明白。

這種「牆頭草」是千萬不能結交為朋友的，不然他會令你大吃苦頭。生活中往往有雙面人，就是採取各種欺騙方法，迷惑對方，使對方落入陷阱，達成自己的企圖。他們會給人帶來無盡的麻煩和災難，在交友時需要時刻提防這類人。

自私的人沒感情

私心過重的人，在處事時容易「變臉」。當他發現某人對己有利時，臉色特別好看；當把利益抓到手之後，立即如同陌路之人，而一旦得不到利益，他隨時都可能翻

臉無情，威脅、恫嚇，使盡千般手段，逼迫你把某種利益拱手於他。

有個商人來找他的鄰居說：「有片小土地要出售，賣主是你的朋友，如果你買，我相信他一定會出最低價的。你拿我的這些錢去把它買下來，我保證，如果成功的話，我一定會給你一筆報酬的。」

鄰居拿著錢去看他的朋友，由於他的緣故，朋友心甘情願地只賣底價的一半。真正的買主聽到了這個消息大喜過望。再三地感謝鄰居，並拿走了剩下的錢，一字不提報酬的事就要告辭了。

鄰居早就料到這個巧言令色的傢伙會來這麼一手。於是，他笑瞇瞇地對那商人說：「別急著走，如果你感興趣的話，我可以告訴你一件事……」

那個奸商以為還有什麼好處，急忙回身洗耳恭聽。鄰人說：「那合約可是用我的名字簽的！」商人當場目瞪口呆。

一個「利」字當頭的人，他的心目中沒有「義」字可言；他的人際關係裡，沒有情感，只有利益。自私的人幾乎沒有感情，他的感情付出只是為了利用別人給自己更多的利益。

會利用人的牆頭草

現實生活中，人與人之間少不了要互相幫助。但是，有些人在與人交往時，卻往往帶有十分明顯的功利性。你對他有用，能幫助他解決問題，或具有某些他可以利用的關係，他才與你交往。當我們發現某人在與我們交往中是帶有這些動機時，我們還要不要與他交往呢？

實際上，職場上的每個人幾乎都在利用他人，並且也在被別人利用。在與他人相處時，你不能以一個朋友的標準去要求對方。同事之間的來往總是有限的，它不可能像好朋友那樣，是建立在共同的興趣、志向和相互信任的基礎上，也不可能是絕對純潔的。所以，你不能對這種交往有太高的期望，也不要希望其中有太多朋友般的感情內涵。因此，儘管你發覺某人與你交往是想利用你，你也不必感到氣憤或與其絕交，只需適當地把握交往的程度和分寸、多一些防人之心即可。

當然，我們也應該區分這種利用對方的目的的和性質。有些人故意和我們套交情、拉關係，往往是為了拉幫結派，為了達到不光彩的目的。在這種情況下，應該及時予以回絕和抵制，千萬不要被某些人當棋子耍。如果他僅僅是想借你的某些優勢和關係為他自己解決某些實際困難，你則可以非常自然地與其保持正常的交往。

如果你不幸與這種人成為了朋友，而且更不幸的是，他又常常把你當作利用的對象，那你一定感到非常沮喪，甚至會對自己的處境感到懊惱，但又覺得無計可施，只能天天在心裡埋怨：「我只顧替他辦事（這本來應該由他自己去做的），而自己的事情卻落在後面。我再也不想做這種事了。但他還是來找我，我又不好意思推托。」

會利用他人的人，其本質就是自私自利，這類人天天算著怎麼利用別人，卻從來不向對方做出相應的補償，而且也不會領情。與這類人一起共事，一定要掌握一些應對的原則和技巧，否則就只能「出力不討好」、「為他人做嫁衣」，自己手頭的工作反而被耽誤了。

那麼如何防止被人利用或者改變這種被人利用的處境呢？除了認清那些利用他人的「牆頭草」的本質以外，我們還應當對利用他人的行為做堅決抵制。任何一個正直的人都會痛恨利用他人的行為，利用他人是可恥的，而受人利用則是十分可悲的。利用他人的「牆頭草」總是以交往關係來達到自己的某種目的，甚至可以說，有的人之所以選擇你作為交往對象，就是因為你的某種優勢符合他的某種需要。如果你失去了利用價值，他們馬上就會與你分道揚鑣。

在與他人交往時，我們絕對不能容忍只顧私利的行為，更不能容忍以損害別人為

原則、損害大多數人的利益為代價，來滿足私欲的個別成員。但是，憑心而論，在相互交往中，都有著權利與義務的統一，都有著各自對方所抱有的希望和要求。剔除了那些非原則的損害他人利益之部分，抹去了那些具有強烈私欲的色彩，交往當中總應當相互有所滿足。這就需要與利用他人的行為謹慎地劃出一條原則界限，幫助交往對象回到原則的範圍之內來，並且盡可能地讓他們做出自己的奉獻。

比如，一個人想要得到上司的提拔，想得到別人的尊重，這是自尊心、進取心的表現。如果我們幫助他放棄通過私人關係的途徑去獲取的企圖，而是通過自己的努力謀求，那就不能視為一樁壞事。相反，在他努力靠自己的力量去追求目標之時，就應當為他提供足夠的支援。一個人有物質上的需求，這本來就是正當的，如果我們幫助他擺脫借用他人權勢的動機，並為他提出符合原則和實事求是的建議，那當然也是我們應當做到的。

總之，與利用他人的行為劃出一條原則界限，把利用與被利用的關係從根本上破除，使它們留在原則界限之外，你也就不會產生被利用的感覺了。簡單地、粗暴地回絕只會把人與人之間的關係搞得更加複雜化。

劃清界限是應對利用他人的「牆頭草」的有效方法，在與他人相處時，必須巧妙地加以運用，如果不能與利用他人的行為劃清界限，那你就很可能在熟人、朋友、關

係人面前失去自己的原則、立場和操守，而變成被利用的可悲角色。面對這種「牆頭草」如果不早日與其劃清界限，總是無原則地代人辦事，最後只能成為別人向上爬的階梯，而自己卻一事無成。更嚴重的是，如果對方讓你代辦的事屬於違法亂紀，你也無原則地照辦，那你就會成為可悲的替罪羔羊。總之，在與人相處時，一定要與利用他人的「牆頭草」劃清界限。

不可輕信「好」話

　　諂媚者在各行各業中都可以找得到。他們也屬於「牆頭草」的一種。這類人有一個特徵：永不反對或駁斥上司的指示。無論在什麼場合下，「牆頭草」只曉得做一種動作，點頭同意上司說的每一句話。

　　在他們心底，只相信一種真理：無條件支持上司的人會得到上司的好感；而反駁上司的人只會造成不必要的麻煩！許多上司雖然口口聲聲表示自己很民主開放，樂於聽取各方面的批評或意見，其實最討厭別人指出他們的不是，因此在無形中保護了這類「牆頭草」的生存空間。實際上，絕大多數人都喜歡別人贊成自己的提議或想法。

　　既然事實如此，那又何必以下那麼多無謂的工夫，索性從一開始就點頭到底好了。

　　「牆頭草」們不斷找尋一位強而有力的上司保護他們。至於什麼個人尊嚴、是

非對錯，早已拋到九霄雲外。他們最大的目標，就是使上司高興，使自己得利，其他一切都不管。這類「牆頭草」除了懂得「拍馬屁」之外，不會提出建設性的意見和建議，根本就是缺乏主見，一無可取。如果利用他們來替自己辦些私人瑣事倒是相當理想，在這方面，他們一定能辦得妥妥貼貼。此外，由於他們全無主見，一味順從，也很難登上高位、管理業務和人事。

這類型「牆頭草」之所以能夠在社會上生存，是因為他們看透了人性的弱點（誰都喜歡聽奉承的話），再加上他們奉承有術，才能風光一時。對付這類「牆頭草」，最適當的方法便是離他們越遠越好，保持警戒。當然，只有正直、精明的人才會這樣去應對這樣的「牆頭草」。

公司裡的這類「牆頭草」，專會逢迎上司，而且還具有相當高的技巧，不顯山不露水，讓別人渾然不覺中上了他的當。的確，有不少人被奉承得昏了頭，覺得誰對他畢恭畢敬、阿諛奉承，就等於佩服他，他就對誰恩寵有加，大加讚賞和關愛。這種人無疑更助長了阿諛奉承之風的盛行。

作為上司，首先應當保持清醒的頭腦。哪些是實事求是的評價，哪些又是阿諛奉承之辭；在阿諛奉承之中，哪些人是出於真心而稍稍過分地讚美幾句，哪些人又是企圖通過奉承上司而達到自己的某種企圖，哪些奉承之辭中含有可吸取的內容，哪些奉

承話都是憑空捏造、子虛烏有等等，諸如此類。對於這些絕對不能糊塗。

對待專門拍馬屁奉承上司而毫無工作能力的「牆頭草」，方法最簡單，請他走人就是了。當然，如果他確實是無能之輩，也該讓他走人。況且他還專善阿諛奉承，你周圍有這麼一顆不知何時爆炸的炸彈，你說你還會有多少好日子可過。所以，及時讓他走人比什麼都強。

對於有一定能力而又有些奉承愛好的員工，最好給他找個合適的位子。這類人不好簡單辭掉，因為他還有一定能力。也不可委以重任，因為他不僅能力平庸，還愛拍馬屁，委以重任的話，遲早會壞了大事。在你的部門中要做到人盡其才，不光指有效地利用人才，也指使用這些能力一般而又有某些毛病的人。這類人有的時候還為數不少，是一個不可忽視的力量。

對於這類人要注意批評教育並採用不同的方法。這種毛病的養成不是一朝一夕的事，改正起來也一定不容易。在這個時候，你要格外注重策略，注意態度，爭取從根本上扭轉他們的認知，改正他們的毛病。當然，首先要從你自己做起，打壓那些阿諛奉承的行為。

對於那些具有較強能力卻也喜好拍馬屁的「牆頭草」，你一定要小心對待，這些人弄不好會造成極大的麻煩。對待這種人，首先你要依據他的實際能力委以相應的職

務。起碼在他們的眼中，你不能成為不識才的領導者。這影響著他們的工作熱情，而且也帶動著一批人。

另外，你對一些較有能力但也有阿諛奉承劣行的「牆頭草」要認真對待，如果只看到這類人的阿諛奉承，沒有看到他們的才華，並且不給這類人相應的職務，那麼這些有能力者就會離你而去。如果他們走了，對你也是一種損失。

現在誰來負責？

擅長推卸責任的上司屬於「牆頭草」的一種典型，他們常在成功的時候，剽竊下屬的成績；在遇到困難時，卻使下屬不知所措。推卸責任的上司總是費盡心機將自己掩藏起來，一旦公司出了問題，便由下屬承擔責任。他們往往非常謹慎，把可能暴露出來的線索遮掩得不留蛛絲馬跡。雖然在行動之前你可能跟他討論過，但當行動完全失敗後，他卻不肯承擔任何責任，而把你一個人晾在那裡。他會對很多的下屬同樣的把戲，他這種令人厭惡的行為不是針對你個人的。你的目標不是反對他，而是不再充當他的犧牲品。

建議你從以下兩點做起：

1.喚醒他的公正意識：他從未因給人的不良印象而失眠過。他考慮的只是如何保護

自己，你要用問題向他提示真實情況。提問要涉及問題的核心。如果討論未按你的期望進行，你就重複提這個問題，直到改變討論方向為止。

2. 提出加強他地位的建議：要在夥伴和上司心中留下好印象，這顯然對他非常重要。你要努力發掘資訊，加以提煉，供他直接使用。他喜歡讓別人認為自己已經是那種有能力的人，那麼你就要成全他。

官場不倒翁

隋朝的裴矩是一個「代代紅」式的官場不倒翁，他一生侍奉過北齊、隋文帝、隋煬帝、宇文化及竇建德、唐高祖、唐太宗，共三個王朝，七個主子，不可思議的是，他在每一個主子手下都很得意！

隋朝第二任皇帝隋煬帝是一個好大喜功的人，繼位之初，很想有一番作為，整日想著拓邊擴土。裴矩透析隋煬帝的野心，思謀著一步一步的計畫，不辭辛苦，親自深入西域各國，採訪各國的風俗習慣、山川狀況、民族分布、物產服裝情況，撰寫了一本《西域圖記》，果然深得皇帝的歡心，一次便賞賜他五百匹綢緞，每天將他召到御座之旁，詳細詢問西域狀況，並將他升為黃門侍郎，讓他到西北地方處理與西域各國的事務；他倒不負君望，說服了十幾個小國歸順了隋朝。

有一年，隋煬帝要到西北邊地巡視，裴矩不惜花費重金，說服西域二十七個國家的酋長，佩珠戴玉，錦服衣繡，焚香奏樂，拜謁於道旁；又命令當地男女百姓濃妝豔抹，縱情圍觀，隊伍綿延數十里，可謂盛況空前。隋煬帝大為高興，又將他升為銀青光祿大夫。

裴矩一看他這一手屢屢奏效，便越發別出心裁，勸請隋煬帝將天下四方各種奇技，諸如爬高竿、走鋼絲、相撲、摔跤以及鬥雞走馬等各種雜技玩耍，全都集中到東都洛陽，令西域各國酋長使節縱情觀看，以誇示國威，前後歷時一月之久。在這期間，又在洛陽街頭大設篷帳，盛陳酒食，讓外國人隨意吃喝，醉飽而散，分文不取。當時一些有識之士的外國人也看出這是浮誇，是打腫臉充胖子，但隋煬帝卻十分滿意，對裴矩更是誇獎備至，說道：「裴矩實在是太瞭解我了，凡是他所奏請的，都是我早已想到的，還沒等我說出來，他就先提出來了。如果不是對國家的事處處留心，怎麼能做到這一點？」於是一次又賜錢四十萬，還有各種珍貴的毛皮及西域的寶物。

裴矩個人是既富且貴了，卻給國家和人民帶來了巨大的災難。那場罪惡的討伐遼東的戰爭便是在裴矩的唆使之下而發動的，戰爭曠日甚久，屢打屢敗，耗盡隋朝的人力、物力、財力，以致鬧得國弊民窮，怨聲四起，最終導致了隋朝的滅亡。而當義兵滿布、怒火四起，隋煬帝困守揚州、一籌莫展之時，裴矩看出這個皇帝已是日暮途

窮，再一味地巴結他，對自己有百害而無一利，他必須要轉舵了，將討好的目標轉向那些躁動不安的軍官士卒了。

他見了這些人總是低頭哈腰，哪怕是地位再低的官吏，他也總是笑臉相迎。並且他向隋煬帝建議：「陛下來揚州已經兩年了，士兵們在這裡形單影隻，也沒個貼心人，這不是長久之計，請陛下允許士兵在這裡娶妻成家，將揚州內外的孤女寡婦，女尼道姑發配給士兵，原來有私情來往的，一律予以承認。」

隋煬帝對這個建議十分讚賞，立即批准執行，士兵們更是皆大歡喜，對裴矩讚不絕口，紛紛說：「這是裴大人的恩惠！」到將士們發動政變，絞殺隋煬帝時，原來的一些寵臣都被亂兵殺死，唯獨裴矩，士兵們異口同聲地說他是好人，得以倖免於難。

一提起「牆頭草」這個詞，恐怕大家都能說出古往今來的一些歷史人物對此道頗為精通，當一個這樣的人在你身邊的時候，一定要把他打發得遠遠的。

雪中送炭最溫暖

人類的習慣之一，乃是往氣勢雄偉、優秀出色的人身邊靠近。如果能與事業有成的人締結關係，便可以巧妙利用對方那股氣勢。這雖然是理所當然的心理，然而在這種情況下結識的對象，通常無法培育成可靠的人際關係。由於萬事順利時人人都想與

其結識，換作對方的立場想想，就可以明白他對每一個人的思慮不可能太深入。

反之，在沒落失勢時靠近的人，會因為非常深刻的羈絆產生結合。在陷入遭到眾人漠視的狀態，連原本交往密切的人也離棄自己時，靠近上前的人反而愈令人心存感激。在落魄時伸手援助自己的人，值得與之交往一生。

這種成功者與失敗者之間明暗突顯的例子，在選舉時最常看到。獲勝的候選人辦公室裡，連素昧平生的人也紛紛湧進，落選的候選人辦公室卻無人問津。仔細一瞧，有時甚至連選舉期間原本支持自己的人，也轉而投靠到政敵的辦公室。

這是十分落魄的境地。在選舉失敗下，人人離去的情景更令人感到淒涼。倘若是以前獲勝的現職候選人，必然加倍感傷。因此，在此時如果有人造訪辦公室，此人必定大感欣慰。倘若得到來訪者一番誠摯的勉勵：「下次選舉一定要好好加油！」將因此產生往前邁進的奮起心。

然而，一度失敗的人在某種機緣下再度翻身爬起的例子並不在少數。如果等到對方再度成功之際才來攀附交情，則為時已晚。就像股票如能在低價購入便可賺錢一樣，在別人落魄時伸出援手，幫忙解難的行為，在建立人際關係方面十分重要。如果換作你，願意在你失意的時候，看到你原來的朋友紛紛遠離你、投靠你的敵人嗎？如果不願意，那你就遠離這些「牆頭草」吧！

第 2 章
功勞都是我的

只為自己的鴨霸

鴨霸蠻橫不講理，做事只考慮到自己。在外人面前或
許是個溫順的人，對自己身邊的人，他可是毫不留情。

對付鴨霸同事

鴨霸人最擅長的伎倆就是有成果就攬，有責任就推。如果你的周圍有這種鴨霸人，那就好好看看這個故事，也許會給你一些啟發。

「阿亮太過分了！」老李剛被經理訓了一頓，「成績都是他的，責任都是我的，跟他一起做事算我倒楣，這個月獎金又泡湯了！」老李的話立刻引起其他同事的共鳴。阿亮做事經常耍小人伎倆，大家一起做專案，他不僅挑肥揀瘦，而且占他人之功，一出事，責任卻往別人頭上推，但他每月報告寫得天花亂墜，偏偏經理就信他。因為他的讒言被扣獎金，老李也不是第一人。為了遏制小人的勢頭，大家決定懲戒阿亮，也讓經理擦亮眼睛。

老李和阿亮共同負責銀行資訊系統的開發，他們在測試時，老李發現阿亮的部分原始碼存在問題，可能導致某些程式無法正常運行，其他人知道了這個問題也沒有告訴阿亮。在給經理進行程式演示的時候，大家異口同聲地誇獎程式編得好，經理問是誰的功勞，不容置疑阿亮立刻挺身而出。

剛開始程式運算還算順利，但阿亮的那段原始碼終於出了問題，後面運算不下去，他情急之下故技重施⋯⋯「這部分是那個誰寫的吧？」經理聽了不禁皺起眉頭⋯⋯

「到底是誰編的？」老李假裝茫然，阿亮一看有機可乘乾脆金蟬脫殼，推卸責任。老李胸有成竹地上臺，沉著地找到了問題所在，經理終於恍然大悟，明白老李才是幕後英雄。從此以後，阿亮的那套小人伎倆再也沒有殺傷力了。

如果你的朋友中有這樣的鴨霸人，不要得罪他們。俗話說：「寧願得罪君子，也不要得罪小人。」小人比君子敏感，心理也較為自卑，因此言語上不要激怒他們，保持距離。別和鴨霸們過度親近，但也不要太過於疏遠，好像不把他們放在眼裡似的，否則他們會想「你有什麼了不起？」這時就可能倒楣了。

吃點小虧無妨。如果是小虧，就算了，因為你找他們不但討不到公道，反而會結下更大的仇，你以後可能會吃更大的虧，所以還是暫時原諒他們吧！

事實證明，對付鴨霸人的關鍵是團結大家，利用集體的智慧，讓他的小人伎倆當場現形，殺殺他的氣焰。如果礙於情面或講君子風範，最後吃虧的只能是自己。

如何應對不講理的鴨霸上司

某位上司脾氣暴躁，情緒很容易失去控制，屬於典型的鴨霸上司。這些鴨霸上司經常會為了一點芝麻綠豆大的小事就對下屬大發脾氣，有時根本就不是下屬的錯誤，他也會不分青紅皂白地指責下屬，甚至還會不分場合地斥責下屬。

如果出現了這種情況，作為這種鴨霸上司的下屬，你應當如何應對呢？應當把握時機，積極為自己辯護。一味盲從是懦弱無能的表現，辯護不等於逃避責任。被上司批評或指責，雖然應該誠懇而虛心地聽取意見，但並不是說你一定要忍氣吞聲，不管他說的對不對，都要全盤接受，必要時應該勇於為自己辯護，並且要做積極的辯護。

你一定要記住，積極的辯護絕對不等於逃避責任。現實生活中的確有這樣一些人，他們在面臨麻煩的時候常用辯護來逃避責任。其實，這就是走到另一個極端了。這種推卸責任的辯護，偶爾為之尚可原諒，倘若一犯再犯，肯定會失去別人對你的信任。

也許大多數與脾氣太大的鴨霸上司相處的人都產生過辯解的想法，卻苦於找不到合適的時機和方法，不知道自己應該什麼時候辯解，也不知道自己應該採取哪種方式加以辯解。與脾氣太大的鴨霸上司相處的確很難，而想要向他解釋事實的真相就更難。因此遇到這類棘手的對立狀態時，更應該積極辯解，明確責任。其要點大概有如下幾個方面：：

1. 不要畏懼：許多人都很害怕這種鴨霸上司，看到他火冒三丈的樣子心裡就想要退縮。對於那些脾氣大的鴨霸上司，你千萬不要心存畏懼。其實也沒有必要感到害怕，他脾氣再大也不會活活吃了你。

作為一個下屬，你完全不必害怕聲色俱厲的鴨霸上司，越是嚷得凶的上司，往往心越軟。況且他只是脾氣上來時才不可理喻，等到發完脾氣之後就會變得心平氣和了。

2. 把握時機：

對於一個下屬來說，與脾氣太大的鴨霸上司相處一定要學會運用靈活變通的原則。如果上司錯誤地指責了你，那麼你應當找一個最合適的時機加以積極地辯解，這對一個下屬來說十分重要。

那麼什麼樣的時機才算合適呢？這要根據實際情況來看。不過，經我們的調查研究表示，向脾氣太大的鴨霸上司辯解應該越早越好。辯解得越早，則越容易採取補救措施。否則，因為害怕上司的責罵而遲遲不說明，越拖越誤事，上司會更生氣。

另外，不要在上司火氣正旺時著急辯解，這樣只會是火上加油。不但什麼事也說不清楚，還會把事情弄得更加糟糕。可約他私下談一談，對上司這樣說：「昨天，你因為我的工作出現了失誤而在我的辦公室當著我的下屬斥責我，未免有點過火，弄得我很難堪，連我的下屬也很不好意思。要知道他們對我的尊重很重要，就像我應該尊重你一樣。你當眾批評我，會影響我的威信，也影響了我以後能力的發揮。這對你、對我、對我以後的工作都不利。我相信你希望我在工作上可以很好地發揮我的能力。我希望以後這一類的事到你的辦公室去說，或是當我們倆單獨在一起時進行。那樣效

果會更好。因為我會更能心平氣和地聽你說話。」

一般來說，這樣的話你的上司是會接受的，也會進行冷靜思考。假如，他並沒有認真考慮你的意見，以後仍當著你的下屬斥責你時，你就可以打斷他的話。然後說：「我們是不是去你的辦公室談一談？」這樣，他就會記起你以前與他的談話。如果你的上司經常小題大做，令你難堪，而對別的下屬不會這樣，你就要考慮在他面前重新樹立一個更有利於你的形象。

與脾氣太大的鴨霸上司相處時，如果遇到上司的責難或誤解，你理所當然地應該為自己的清白勇於辯解。不過，與平時講話一樣，應該講究技巧、時機。只有選擇恰當的辯解技巧，把握合適的時機，你才能既不冒犯上司，又能達到自己的目的。

3. 簡潔適度地道歉：脾氣太大的鴨霸上司怒火中燒之時往往希望下屬能向自己認錯，能夠深切地進行反省。許多下屬都深諳這一規律，於是當上司訓斥完自己的時候就馬上向上司深切反省一番，以求能獲得上司的原諒。

向上司道歉的確是一個獲得上司好感、消除上司怒火的重要方法，但是道歉也有一定的原則，絕對不是隨意地進行。我們認為，當你向上司道歉時，一定要簡潔明瞭，恰到好處。千萬不要悔恨不已，痛哭流涕，不成體統。越把自己說得無能，越會

增加上司對你的不滿。還是適當一點為好，但要說到本質上，說明自己對錯誤已經有了足夠的認識。

4. 站在對方立場講話：當你向脾氣太大的鴨霸上司辯護時，別忘了站在對方的立場上講話。

上司責備下屬，當然是出於自己的立場。如果下屬不瞭解這一點，一味認為自己受了冤枉，站在自己的立場上拼命替自己辯解，只會越辯越使上司生氣。應該把眼光放高一點，站在對方的立場上來解釋事情，心態上會容易被接受。

任何人都有保護自己的本能，做錯事或和旁人意見相左時，都會積極地說明經過、背景、原因等。但在上司看來，這種人頑固不化，只是找理由為自己辯護罷了。你只有站在上司的立場上理智地說明事實，才有可能得到上司的理解和認可。

別讓老闆欺負你

對於幸福的家庭來說，溫柔、善良也許是家人和樂融融的基礎，可是對於每日都充斥著激烈競爭的社會，那裡根本就是個看不見硝煙的戰場，人有時候不「惡」不行啊！

小美是一家證券公司的營業部職員，由於股市急劇下跌，全行業虧損，小美在年

底的大裁員中被公司以「調整公司方向、部分解散」的理由解聘。人事部只給小美兩個選擇：一是小美可以做滿這個月並得到當月工資作為賠償，但是要算公司主動辭退她，並記入檔案；二是算小美主動辭職，但這樣賠償金就沒了，最多發給小美這個月上班那二十天的工資算做補償。

說實話，一向競競業業的小美已經為公司工作了近五年，但到了這種「關鍵時刻」，往日聽話、性格柔順的小美也只能立刻「變身」成伶牙俐齒、得理不饒人的「惡女」，把平常從來不仔細研究的《勞基法》和公司簽訂的勞動契約統統拿出來熟讀，找出對自己有利的政策，然後「惡算」一把，將遣散費、違約金使勁地算清楚，以保障自己最後的權益。

在經理辦公室裡，小美拿著有關文件振振有辭：「經理，根據《勞基法》規定，用人單位應當根據勞動者在本公司工作年限，每滿一年給予勞動者本人一個月工資收入的經濟補償。而在本公司的合約上又在這條之後加上了『工作年限不滿一年者，按一年計算。』如此算來，我工作的前五年應該各賠償一個月的工資作為補償，而後面的時間雖然未滿一年，也應該按照一年計算再補償一個月工資。所以公司至少應該賠償我六個月的工資。」

也許是因為小美的說詞有根有據，又是直接告到總經理面前，所以人事部沒過多

久就屈服了，同意賠償小美六個月工資的要求。可是沒過多久，小美就發現自己其實應該獲得更多的補償。「反正也到了『走人』的時刻，沒什麼好難為情的，該是自己的一樣也不能少。」抱著這樣的念頭，小美再一次走進老總辦公室。「我的契約是到明年四月分才到期，現在公司要提前與我解約，應當提前一個月通知我。如果沒有提前通知，又希望我當日就離開崗位，應該賠償我這一個月的工資。當然，這一個月是從人事部通知我的那天開始計算的，所以之前我上班的那二十天你們還是要支付我報酬。公司總共應該賠償我七個月零二十天的工資，否則我會去提出告訴。」

面對小美接二連三的賠償要求，總經理覺得很頭疼，但小美的要求又完全合理。結果，當總經理親自將剩餘的賠償金交給小美時，他以為這次小美總算會表示滿意，他萬萬想不到臨走時，小美又丟出一句話來：「如果你們年底有年終獎的話，別忘記我也該得到按比例計算的部分喔！」看著總經理尷尬的表情，小美得意地哼起了歌。

遇到這樣的事，首先應尋求與老闆對話，把你的理由、應得的權益都擺在臺面上。如果你的老闆是個精明人，他們會立即給你一個滿意的答覆。如果你的老闆欺你軟弱，想以各種理由賴帳、無理取鬧或是逃避都不是辦法，利用法律手段或採取其他行動都是有效的方式。

人善被人欺

上司和下屬是一種職業角色，從職業分工的角度來講，每一種空缺總要有人來添補，不該有高低貴賤之分。然而我們又不得不承認每種角色都有其不同的規範和職業要求。因此身處不同社會位置的人們又很難獲得絕對的平等。譬如說作為服務員，顧客就是上帝。誰要是非要和顧客這個上帝講人格尊嚴，恐怕很少會有老闆雇用他。

上司和下屬之間那條涇渭分明的界限也是永遠存在的。但這並不意味著做上司的就可以高枕無憂地去放心享受那份「高人一等」的飄飄然，絲毫不考慮與下屬們的巧妙交往與適時應酬。一個聰明的上司始終都會把「人的因素」看作是影響他飛黃騰達的關鍵，並絕諳深諳「水可載舟，亦可覆舟」的道理。

阿成大學畢業後，受聘到一家大型企業做經理祕書，這可是個苦差事，因為經理脾氣不好，祕書換過好幾任。好在阿成的脾氣好，一做就是五年。五年之後，經理調任，臨走前，覺得阿成還不錯，提拔阿成當總經理特助。下面管著兩個人，老劉和老王，年紀都比阿成大許多。

辦公室工作很繁瑣，還要應付各種各樣的會議、接待，阿成不得不把大部分案頭工作交給那兩人。總覺得自己資歷還淺，要差遣別人，很難開口，派起工作來，自然

分外客氣：「請」、「如果你來得及」、「要是不麻煩」……。

起初，兩人還能及時完成任務，但沒多久，種種藉口接踵而來。先是老劉還沒打完一份第二天要用的資料，便提早下班了，等阿成從總公司開完會回來，已過了下班時間，老王也不見蹤影，阿成只好加班完成。第二天詢問，老劉一句「孩子發燒」，塞住了阿成的嘴巴。沒過多久，老王提出自己有眼疾，不宜長時間用眼，所以未來不再負責報表，還從口袋裡拿出一張醫生證明。阿成轉向老劉，一句「要辛苦你了」還沒來得及出口，老劉連連擺手：「我沒學過，弄錯了，你面子上也不好看。」阿成只好自己攬下。

這種事情的發生頻率越來越高，常常是阿成在埋頭苦幹，兩個下屬一人手捧茶杯，一人上網聊天。阿成也知道，這樣下去不是辦法，但每次想發火，又擔心場面難看。而那兩個下屬，得了便宜還賣乖，向上司告狀：「特助不知道玩什麼花樣，很多事不讓我們經手。」還向同事訴苦：「他是個工作狂，我們想幫也幫不上。」

阿成的臉色自然越來越差，甚至比當經理祕書時更顯消瘦。既然上司的身分賦予了你管人的權利，就該好好利用，盡情地去管人吧！人善被人欺，馬善被人騎，你的善良會被下屬當成你軟弱無能的信號！

管理藝術從某種意義上來說，就是一種征服人心的本領，寬嚴相濟，不可偏廢。

既鐵面無私，又能寬容待人。在保證權威嚴肅性的同時，多帶一點人情味，這樣才會贏得下屬的親近和信賴。

與下屬的相處之道

你有沒有遇過這樣的下屬，他倚老賣老，心高氣傲，不把你放在眼裡，還經常利用工作和你作對？有這樣的下屬誰都受不了，怎麼辦？

我有一個朋友在一家房地產公司做部門經理，手下有個辦事拖拉又很馬虎的職員。他自恃資格老，在公司創業初期就和老闆一起「打天下」，根本沒把小他五歲的上司放在眼裡，對我朋友安排的任務也不重視。

有一次要他提出具體銷售企畫案，催促再三後還遲交了兩天，使得我朋友在總經理面前很難堪。其實我的朋友能以主管身分批評指正他的錯誤，但他更希望能以自己的能力和真誠軟化他高傲的心，所以對他的一些失誤和工作拖延也沒有深究。

不久，我的朋友就發現留有餘地和顧及同事情誼並沒有贏得對方的認可，相反他對自己的態度變得更加不屑一顧。

我的朋友意識到自己對「以誠待人」觀點的理解並非盡善盡美，因為正確而善意的批評與真心待人並不相悖。後來，我的朋友和他進行了一次私下談話，有理有據地

指出他的工作偏差，並提出可行的建議。出乎我朋友預料的是，他向我的朋友解釋了他之所以沒能及時完成是由於家庭的變故，並保證會糾正工作中的偏差。

談話時務必要以冷靜的態度提出具體詳細又確鑿的依據，不要在談話過程中表現出極度厭惡對方的情緒，哪怕你心裡的確很討厭他。

1. 不要大發脾氣： 有可能下屬所犯的錯誤令管理者非常生氣，但管理者千萬不要在批評時大發脾氣。這樣做的後果是管理者會在下屬面前失去自己的威信，並且給下屬造成你對他有成見的感覺。

2. 盡量對事不對人： 雖說事情都是人做的，但在批評下屬時，還是要盡量對事不對人。這樣做也是為了防止下屬認為你對他有成見。「對事不對人」不僅容易使下屬客觀地評價自己的問題，讓下屬心服口服。它的重要意義還在於這樣可以在部門內部形成一個公平競爭的環境，使下屬不會產生為了自己的利益去拍馬屁的想法。

愛管閒事的同事

有一類鴨霸屬於管家婆式的人物，愛管閒事、愛發號施令、吹毛求疵，他雖然不是主管，但不管什麼大事小事都要插上一手。而且他總是沒事變有事，小事變大

事，大事變重事，還動不動拿出別人說事。你的周圍要是有了這樣的人，從此就不得安寧了。

「小清，這份快件，你拿去寄了。」「小婷，地板太髒了，快去掃一掃，省得一會兒老闆來了又說我們部門最亂最髒了。」她抬頭挺胸，手又腰作茶壺狀，滿意地看到各路人馬在她的調派下忙碌著。

「我又不是清潔工⋯⋯」小婷小聲抱怨著，還是「乖乖」地拿過掃帚，開始收拾。「雞毛令箭又叫你們幹活了呀？」回到座位，同事小玲湊過來小聲地問小婷，還吐了吐舌頭，就像在說沒有派到工作的人最幸運。

小婷回了一個苦哈哈的表情，本來這些是工友做的事，但這位「管家婆」非得要體現一下她的主導權，每天都在部門叫幾個同事去當苦力，苦了大家，她卻總是得到部門總監和上司的好評，說她工作負責，對公司有責任心。「管家婆」的外號叫雞毛令箭，意思就是拿著雞毛當令箭，她並不是主管，卻比總監的架子還大，因為她是公司最老的員工之一，公司剛成立時就來了，連經理都得給她面子。

小婷第一天來公司，就有八卦的同事跑來告訴她，公司裡有三種人是不能得罪的，一是上司，頂頭上司好比頭上的天；二是財務與祕書，掌握著財政權和影響主管意向的人；三就是「管家婆」。「管家婆」是誰？「管家婆」為什麼不能得罪？小婷

一肚子的不解，很快，她就知道了。

每個進部門的新人最怕的是「管家婆」，那張冷冰冰不苟言笑的臉看人彷彿總是帶點不屑；對工作要求最多的是「管家婆」，每份上交經理的檔案總得先經過她的手，讓她檢查過才能遞到經理的桌上，經理下達的要求如果只有一條，傳到大家手上肯定變成五條，有四條是「管家婆」加的；經理最喜歡詢問她的意見，但她總說這個不是那個不好，時間久積累多了，經理就該找誰談話了；最喜歡說自己公私分明的人是「管家婆」，如果有同事在她指指點點叫做那時多說了半句，「管家婆」就會很冷地來一句，「這是工作，我這人最公私分明了」。

部門裡不怕「管家婆」的人不多，不討厭她的人就更少了，當然，幾個一天到晚巴在她身邊的逢迎小人除外，那些人總能「慧眼」識出「能人」。小婷極討厭「管家婆」，「管家婆」也不喜歡小婷，因為小婷的工作能力不弱，有幾次還搶了她的風頭。為此「管家婆」沒少在總監面前打小婷的小報告，幸好小婷業績一向良好，沒有什麼把柄落在她的手上，但每次總監有意無意地建議小婷調整好同事之間關係時，總是讓小婷氣憤不已。

人不可能一輩子橫行，「管家婆」終於也碰到了她的剋星。部門新進員工小昀，是個急性子，脾氣火爆。「管家婆」照常挑這挑那，指東指西地讓他幹活，還總是在

總監面前打他小報告，因為他說話很衝，不得她意。

一次，「管家婆」自己工作出了錯誤，卻把責任推到小昀身上，總監沒問清楚，就訓了小昀一頓，小昀的咆哮震響在辦公室裡，吼出了一切不滿，並對「管家婆」揮著拳頭，嚇得她腳一歪就摔在地上，十分狼狽。當天小昀就辭職了，走時高聲對大家說：「為這種公司工作，和這種人共事，是我的恥辱。」小婷彷彿悟到了些什麼，第二天，她找到經理和老闆，遞上一封辭職信，並冷靜地說明理由，把「管家婆」的所做所為和大家對她的看法都一吐為快，然後拒絕了挽留，她在主管的深思下瀟灑地走出公司。

兩個月後，小婷碰上以前的同事，她告訴小婷，在小婷離開後，公司做了一次匿名調查，幾乎全數的員工都對「管家婆」投了反對票，沒多久，她也收拾東西，離開了公司。

有的人之所以能有恃無恐，強行介入你的工作，或許是由於公司制度不完善、分工不明確導致的，你可以向公司建議完善分工制度。充滿自信的巧妙反擊，向同事明確敘述自己的職責範圍，並建議同事作為老員工應做後輩的模範，帶頭工作。

暗潮洶湧的心機

有一種城府極深，對不如意的事抓住不放、好施報復的鴨霸人，對不聽命的人設法剷除。由疑生忌、由恨而狠，輕拳還重拳，且以先下手為強，寧可打錯三千，也不肯放過一個，抱著「與其人負我，不如我負人」的觀念。不疑則已，疑則莫解。這種人喜怒不形於色，怒之極，反有喜悅的假相，使你毫無防範。更有甚者說翻臉就翻臉，完全不顧及以前的舊情，只要一有小事不順他的心，就翻臉無情。

漢高祖和呂后都是城府很深的人，呂后採用蕭何之計，誘殺了韓信。高祖帶兵征剿叛軍，聞訊後心裡很不安，派使者還朝，封蕭何為相國，加賜五千戶，再派五百士卒、一名都衛做相國護衛。百官都向蕭何祝賀，惟陳平瞭解劉邦，心裡暗暗擔心，暗地裡對蕭何說：「大禍由現在開始了。我勸您辭讓封賞，並拿所有家產去輔助作戰，才能打消皇上的疑慮。」蕭何頓悟，依計而行，變賣家產犒軍。高祖果然喜悅，疑慮頓減。

這段故事雖是古代發生，距今年代久遠，但仍然具有警世之用，對現代人也頗有教誨之處。對付陰險的鴨霸上司，下屬要處處小心謹慎，巧妙應對。

現代社會到處都充滿著激烈競爭，一些人依仗自己較強的能力、權勢或地位專門欺負

那些相對來說處於弱勢的群體，在你的上司中也不乏這樣的人，這樣的上司就是恃強凌弱的鴨霸上司。

恃強凌弱的鴨霸上司慣有的想法是：「他們簡直就是一群無能之輩，什麼事都弄不明白。瞧，我告訴過他們處理事情的正確方法，但他們卻偏不聽。不管怎麼樣，我說得絕對正確，不容他們質疑。我必須證明他們是多麼笨，否則就顯示不出我有多屬害。」於是，在這種心理的驅動下，上司就更加輕視下屬以及下屬提出的意見，憑藉自己的權力和地位隨意蔑視下屬、傷害下屬。

瞞天過海是一種示假隱真的疑兵之法。它常利用人存在的不疑心理狀態，進行偽裝，以期達到出其不意的效果。對付恃強凌弱的鴨霸上司不妨運用此法。

恃強凌弱的鴨霸上司往往位居高權重，他們對你事業的發展和進步起著至關重要的作用，如果稍有不慎得罪了他們，你辛辛苦苦為之拼搏、為之奮鬥的事業很可能會受到非常沉重的打擊，甚至還會因此中斷。所以如果遇上這種恃強凌弱的鴨霸上司，你一定要時刻注意自己的言行，在言語行為上尊重他們的主管，轉移他們恃強凌弱的心理，小心慎重地與他們相處。如果碰到過分惡劣的欺壓行為，也不必示弱，應據理反抗。

與恃強凌弱的鴨霸上司相處，千萬要小心慎重，不要成幫結夥，不要去埋怨這、

埋怨那。如果一群人闖進上司的辦公室，他會感覺受到威脅，就會採取更強硬的手段。如果再告狀到更高的上司那裡，也可能會起反作用，他的上司也許會全力支持他，也許他們認為他的成績很大，值得支持。

嫉妒心強的人

傑出的人物，一般人是不會妒忌的。嫉妒心強的人也不會去妒忌偉人和弱者，而是妒忌與你有一定相同境狀的同事、同學，或身邊的朋友、鄰居。

真正的朋友是會為對方的成績而高興，嫉妒心強的人往往會為對方的提拔、重用而不平衡。憑什麼提拔的是他而不是我？他不就這樣嗎？你和妒忌者交往越密切，他越不平衡。因為，他知道你的「底細」不過如此；而你們又是很平等的交往，他會更難以接受這種位置的變化。人多少會有好勝心、事業心，看到別人的成就，多少會感到自身的挫敗。

帕金森先生在《管理藝術精粹》中說：「大多數組織在結構上像一座金字塔，當一個人向金字塔頂端爬去的時候，代表重要的職位越來越少。因此，一個剛被提拔的管理者，一定要特別謹慎小心。首先，從前他的大多數同事深信自己應該得到這個職

位，並且為自己沒有得到它而不快。但特別重要的是：一個被提升的管理者必須想盡辦法表現出謙遜和不氣勢凌人。一定不要忘記他從前的共事者。」

我曾經目睹一位大學副校長任職以後，因嫉妒而生出的鬧劇。原來他是一位普通教師，在二十幾年教學工作和生活中，結識了許多「難兄難弟」，往來甚密，不分彼此。

一九八四年，學校班級調整時，有關部門任命他作了副校長。上臺後，他對可能因此而招來的嫉妒沒有足夠的認識，對曾經同自己朝夕相處的同事們，頤指氣使，呼來喚去，動輒訓斥。沒有多久就招來一片責難。一天，他正在召集學校中級幹部會議，忽然，門被猛然推開，進來一位老幹部大聲喊道：「你還真夠意思！升了高位就忘恩負義，過河拆橋！」全場為之騷動，這位副校長的處境也變得十分尷尬。

嫉妒心強的鴨霸人，感覺到你明顯超過他或者將有升遷機會的時候，他就會設置種種障礙進行刻薄的挑剔和雞蛋裡找骨頭。他們正是要借助於這種的方式貶低你所取得的成績和價值，從而達到一種否定的結果。

嫉妒的惡性膨脹、肆意氾濫，將會構成巨大的阻力，阻擋著你獲得更大成功。如果嫉妒心強的人就在你的社交圈裡，他就更容易打擊、迫害、中傷你。

將嫉妒化作動力

在任何地方，都有這樣的人：他們在實際工作中不努力做出成績。卻總是處心積慮地打擊那些憑自己實力做出成績的人。這類人就是典型嫉賢妒能的鴨霸人，屬於典型不得不防者。

嫉妒心強的鴨霸人普遍的心態是：「這根本就沒有什麼了不起，我不明白大家為什麼如此吹捧他。如果我也有他那樣的機會，我會比他做得更好。按理說這個機會應該是我的。我懷疑他暗地裡做了手腳。我要揭穿他的真面目，讓他再也得意不成，我一定要這麼做，但要做得天衣無縫。」

一旦他們行動起來，即使你是無辜的，恐怕也會或多或少地受到傷害，這樣你很可能會再也不敢輕易表現自己的才能，甚至無法在原來的社交圈待下去。那麼究竟應當怎樣避免這種情況出現呢？你怎樣做才能正確地應對這類鴨霸人呢？

嫉妒他人是一種普遍的心理現象，幾乎每個人或多或少都存在一些嫉妒心理，作為一個希望在事業上有所成就的人，你不僅要忍耐和克制自己的嫉妒心，而且也要忍受住他人對自己的嫉妒。也就是說，在自己取得一定的成績遭到別人嫉妒的時候，不要因為這種嫉妒改變自己正常、自然的生活與行為方式。

我們必須承認在通過一番艱苦的努力，自己終於有了一定的成績之後，受到他人的種種嫉妒是十分難受的。本來是自己通過努力，辛辛苦苦得來的一點成績，卻招致如此的對待，這往往會給人帶來一種極大的委屈和不公平的感覺。特別是那些惡毒的詆毀和誣衊，有時實在讓人無法忍受。

在這種情況下，不少人往往會乾脆放棄自己的追求，使自己滿足於一般和平庸，混同於普通，甚至是落後。有些人在這種嫉妒的壓力下，不得不縮回自己剛剛展開的手腳，壓抑自己的抱負和理想，從而在這種嫉妒的壓力下垮下來。真正的強者是不應該被這些鴨霸人的嫉妒所打垮的，我們在承認嫉妒會給人帶來嚴重打擊的同時，還應當盡量忍受他人的嫉妒。並且把別人的嫉妒當成是自己的一種榮幸和驕傲，有句話說得好：「不遭人妒是庸才。」你應該明白，他們的嫉妒，以及由這種嫉妒所造成的種種指責和攻擊，都是以變相的方式表達無能。也就是說，這種嫉妒實際上是以一種比較極端的方式，通過貶低他人的成功和長處，來掩蓋和彌補自己的缺陷和不足。可以說它是對你成績的一種另類形式的肯定，而並不是一種真正的、客觀的批評。也正因為這樣，你完全不必介意和在乎這些嫉妒，反而應該非常坦然和自豪地與之相處。

有時在他人的嫉妒中，可能會有一些刻薄的挑剔，這也是十分正常的。因為，有些鴨霸人正是要借助雞蛋裡挑骨頭的方式，貶低別人所取得的成績，從而達到一

種否定效果。

在這種情況下，正確的態度是要把他人的嫉妒當成自己的一種壓力或動力，作為自己進一步提高的臺階。這裡說的正確態度具體指的是以一種真誠的、積極的方式去理解他人虛假的、消極的挑剔，對方的用意是嫉妒、否定和攻擊，而自己的態度是學習、接受和轉化為動力。

事實上，你應該感謝他人的這種挑剔。正因為有這樣一些人的挑剔，才迫使你自己不至於因為成功的喜悅而沖昏頭，能夠清醒地看到自己的不足，認清自己前進的方向和目標。以積極的態度對待他人的嫉妒，還可以督促自己不斷向前。因為當你做出成績時，一些嫉妒心強的鴨霸人總是會說你「三分鐘的熱情」、「這個人總是善始不善終」、「前幾下還行，可用不了多久就不行了」等等，對待這一類嫉妒，最好的方式便是不斷地保持自己的幹勁，不斷地鞭策、激勵自己。從這種角度理解，受人嫉妒實在是一種極好的前進動力。

戰勝名為嫉妒的惡魔

世界上的事真怪，當你平庸無為，名不見經傳時，很少有人看你幾眼；一旦當你

嶄露頭角，小有名聲後，就馬上處於眾目睽睽之下，至於那目光的成分可就複雜了：

羨慕、挑剔、懷疑……其中最多的，最令人坐立不安的成分恐怕就是嫉妒了。歌德

說：「在人類一切情欲中，嫉妒之情恐怕要算作最頑強、最持久的了……，嫉妒心是

不知道休息的。」

的確，有人的地方就少不了嫉妒。嫉妒存在的廣泛性遠遠超過了我們熟知的範

圍。嫉妒的對象也因人而異：男人嫉妒他人的智力優勢；女人嫉妒別人的美貌絕倫；

官場上嫉妒他人的青雲直上；市井中嫉妒他人生財有道。

該如何戰勝嫉妒這個惡魔？首先需要瞭解它，嫉妒從本質上來說，一般是見到他

人強於自己而產生的一種心理失衡。在這種失衡面前，嫉妒者通常有三種表現。第一

種是弱者的常態心理。第二種是愚者的常態心理。第三種是真正強者的常態心理。為

了努力避開嫉妒的暗箭，我們可以採取以下幾點策略：

1. **弱化嫉妒**：一個天生麗質或才幹出眾的人，本來就令人羨慕，若鋒芒畢露、咄咄

逼人，嫉妒的人就會增加了，更容易使自己成為注目的對象。因此，不如對自己來些

調侃、揶揄或自我嘲諷，並在不重要的場合故意給別人一些讚美的話，以此削弱對方

的嫉妒心。

2. **融化嫉妒**：對付嫉妒的人，不必針鋒相對，他嫉妒你，是因為你比他強。所以，

你完全可以寬容大度，與之友好相處，並給予他盡可能的關心和幫助，在一定程度上可以化解一部分人的嫉妒心理。

3. 淡化嫉妒： 對於妒火過盛者，無論你如何寬容友好，恐怕也無濟於事。在這種情況下，最好的辦法是不加理睬，「無言是最大的蔑視」，如果站出來辯解，對這種人只會起火上加油的作用。所以，對無法消除的嫉妒不加理睬，讓嫉妒者自己去琢磨。

嫉妒的產生也是有它的規律性的，掌握嫉妒的特點和規律，能更好地預防、利用和化解嫉妒。

以平靜對付衝動

在洛克菲勒經營企業的時候，曾有一位不速之客突然闖入他的辦公室，直奔他的寫字臺，並以拳頭猛擊臺面，大發雷霆：「洛克菲勒，我恨你！我有絕對的理由恨你！」

接著那名暴徒恣意謾罵他達幾分鐘之久。辦公室所有的職員都感到無比氣憤，以為洛克菲勒一定會拾起墨水瓶向他擲去，或是吩咐保全將他趕出去。然而，出乎意料的是，洛克菲勒並沒有這樣做。他停下手中的筆，和善地注視著這位不速之客，那人愈暴躁，他就顯得越和善！

那無理之徒被洛克菲勒的反應弄得莫名其妙，因而漸漸平息下來。因為一個人發怒時，遭不到反擊，是堅持不了多久的。於是，他嚥了一口氣。他是準備好來此與洛克菲勒作抗議的，並想好了洛克菲勒要怎樣回擊他，他再用想好的話去反駁。但是洛克菲勒就是不開口，所以他也不知如何是好。最後，他又在洛克菲勒的桌子上敲了幾下，仍然得不到回應，只得索然無味地離去。洛克菲勒就像根本沒發生任何事一樣，重新拿起筆，繼續他的工作。

不理睬他人對自己的無禮攻擊，有時便等於是給「鴨霸人」最嚴厲的迎頭痛擊。

化解「伎倆」，不要「屈死」

由於當今社會的複雜性，人與人之間產生了各種各樣的社會關係。其中上司與下屬之間的關係是較難相處的，而其中大部分原因是上司自身造成。

不幸的員工遍布天下，能夠幸運地遇上一名愛護、關懷下屬的公正上司，不知是多少下屬的心願。有些上司，他們利用手中的職權牟取私利、為難下屬，或者對下屬加以誤導利用。下屬們都認為，天下最痛苦的事情莫過於替一名無德、無才、愛玩手段的上司工作。

對於這樣的上司，你必須有足夠的心理準備，隨時準備面對他的為難，甚至是對你的打擊利用，要用恰當的策略去化解這些上司的「伎倆」，才不會在工作崗位上「屈死」。

面對無德無能，卻又時時刻刻為自己的私利挖空心思的上司，下屬可能有以下幾種選擇：

1. 辭職不幹，另謀高就：這好像很灑脫，是一了百了的方法。但請記著，你有可能是從狼窩出來轉眼又跳進虎穴。

2. 想辦法令公司高層開除你上司：問題是，接手的新人（你的新上司）可能比舊人還要差勁，那又何苦？

3. 直接與上司對抗，拒絕接受他的指使：除非你是中了樂透頭獎，否則，遲早會被炒魷魚。

可見以上三種方法並非最佳對策，不如你多一分防人之心，巧妙應對，堅持替這些惡質的上司工作，而且還要把工作做得妥妥當當，令他一刻也不能少了你，但不要使他感到你的存在對他構成威脅。你做到了這一點，至少已能「自保」，同時對已磨合了一些時日的上司「觀其後效」。

先想好應對方法

應對處這些鴨霸人，你需要在很多方面有所準備，以便有更多的辦法和這些人周旋。

每當處在和那些鴨霸人相處的時刻，你也許會想：「忍耐，堅持就是勝利，他們就是那種我要時時提防的人，但是為什麼他們不知道應該注意一下自己的行為？」

令人驚訝的是，他們惡劣的行徑卻是你平常不加防守的表現所致。知道如何應對這種情況，會讓自己在將來遇到同一局面時獲取主導權，可以控制局勢的發展。在一般情況下，你通常要在手頭預備諸多可以對付他們各種頑劣行徑的手段，而且，你會一再地遇到同一個人、同一類行為，他們總是讓你覺得難纏。如果你不準備一些招數，在遇上他們時好好應付，下一次你還會被人耍著玩。

有多少次你從一個令自己難堪的局面中逃開，然後自言自語道：「我應該這麼說。」但是下一次又發生類似的情況時，你會發現你仍然做出同樣的反應，仍然不知所措，然後說著同樣的話。所以，準備一套應對方法對你是十分有利的，當再遇到相同情況時，你就會採取合適的措施。

任何準備工作都需要花費時間，因此你需要考慮這種代價是否值得付出，需要

花時間去想、去分析。但是無論怎麼樣，你都應當願意花費時間來進行這種應對難纏之人的準備。因為你會發現，一旦你獲得了與難纏之人成功周旋的能力，你與他的關係將有所改善，能獲得的利益會多於所花費的代價，而且周圍的人也會注意到你的改變。

用你的寬容化解爭端

有種人在熟人面前易衝動，說話直腸子，行動如疾風驟雨，說起話來一發不可收拾，馬上和你鬧得臉紅脖子粗：和這種人交朋友，時常躲著點，別惹他，否則被其發一頓火，甚至拳腳相見，實在是不划算。

剛走出會議室，我就受到鴨霸人的斥責：「剛才，當我們都向老闆提出把午時間延長半小時的時候，你為什麼不支持我們的觀點？你究竟是怎麼回事？你為什麼這麼自私？處處吹捧老闆的觀點，難道你以為這樣就能加薪升職嗎？」我聽到第一個指責的時候，就準備反擊，但是我先忍了下來，讓對方把話說完，因為他是一個鴨霸人。雖然他脾氣急躁，但是也不能任由他指責。當他在氣頭上的時候，我也和他一同爭論，那別人會覺得我和他一樣沒有風度。等他說完，我盡量心平氣和地回答道：

「我能理解你的提議，但是你的建議對我來說並不適合，因為這意味著下班時間會延遲到六點半，你知道，我和其他幾位同事都住得比較遠，回家都還有別的事情要處理，對我們來說六點半下班太晚了。請你也理解我的難處。」說完這番話過後，我走回自己的座位，只需要把自己的想法講出來就行了，決不能把心裡的怒氣發出來，要是讓這些鴨霸人下不了臺，那我就慘了。想不到的是，第二天，鴨霸人竟主動過來向我道歉：「我這人性子比較急，昨天……」。

遇到脾氣急躁的鴨霸人，你一定要比他沉得住氣，比他有耐心，比他說話的聲調低。不要輕易傷害對方的情感，不要輕易讓爭論升級。要分析是什麼使對方怒火中燒，就事論事，三言兩語，用探討問題的方法解決爭端。如果你有錯誤，就馬上承認；如果沒有，堅持你的觀點不是一件壞事。然後給對方時間讓他瞭解事情本身。

心胸要寬廣，對別人的缺點有所忍耐和諒解。只要你有寬廣的胸懷，那麼你對別人的態度就不會那麼計較，你溫和的態度、寬廣的胸懷、寬宏的肚量，就會使本來發火的一方，火氣消減，自討沒趣，只好偃旗息鼓放棄爭吵。

第 3 章
無理辯到有理

愛刁難的鐵齒銅牙

說出口的話語總以攻擊別人為目標。要是事情不順他們的意,還會和你爭辯,他們對人的刻薄,簡直讓你無法忍受。

不講道理的凶橫

　　隨著社會的發展、時代的進步，人們的自身素質也越來越高，但是社會上仍然存在著一些不講理的「鐵齒銅牙」，我們的周圍也存在不少這種不講理的朋友。

　　不講理的「鐵齒銅牙」不見得都長著一副兇神惡煞的面孔，也不見得對誰都是橫眉冷對的樣子，他們的不講理是通過一系列言行表現出來的，那麼不講理的「鐵齒銅牙」，具體表現有哪些呢？我們來看下面一個實例：

　　某個炎熱的夏季，一輛電車進站，乘客不等車上的人下完，便一窩蜂地往上擠。

　　突然，「嘩啦」一聲，一塊玻璃被一個中年男子弄碎了。

　　售票員對他說：「玻璃弄碎了，你賠！」

　　中年人反問：「為什麼要我賠？」

　　售票員說：「損壞國家的財產應當賠償。」

　　那中年人理直氣壯地說：「我是國民的一員，國家的財產有我一份，用不著賠！我那份，不要啦！」

　　這個人就是一個不講理的「鐵齒銅牙」。不講理的「鐵齒銅牙」有各種各樣不講理的表現，不管他們的表現行為如何，其實都是不講道理、講歪理，或者根本就缺

乏理智。這樣的人存在於我們周圍，常常會令我們很難與之進行交流及合作，與這類人打交道時，我們常常會感到「秀才遇到兵，有理說不清」，有時還會感到莫大的委屈，實在委屈不過甚至會與他們大打出手。

試想一下，在這種情況下，我們還怎麼能做好工作，怎麼能與他們友好相處？那麼怎樣做才能更好地應對不講理者，提高自己在這些人中的威信呢？

與不講理的人相處時，首先，不能以粗暴的態度對待。如果以粗暴態度對待不講理的人，若他們不服，這樣就會引起糾紛，沒辦法有效解決問題。

某年夏天，小拓在水果攤上買了一個十一斤重的西瓜，準備去醫院探視住院的親人。誰知到醫院切開一看，裡面卻壞掉了，便重新來到水果攤要求賠償。但是，老闆卻不同意，兩個人又都是不講理的人，如果小拓有好好和老闆商量，事情可能會得到比較好的解決。可是小拓卻沒有這樣做，而是抱著兩個小的西瓜就走。老闆一把就將小拓抓住，兩人就在街上扭打起來。老闆於激憤中一口就將小拓的右耳上緣咬掉一半。後來，小拓住院，老闆被拘留，並賠償醫療費及精神賠償費。這就是用粗暴態度對待不講理的結果。如果不是以這種態度對待不講理的人，那麼，就不會發生咬耳朵事件了。

我們都知道，不講理的人都是片面地看待問題和處理問題，一般都不是以客觀事

實為基礎，他們大多都不講道理，甚至缺乏理智。瞭解了他們的這些特點以後，我們在實際生活和工作中，遇到這種不講理的人時，要保持足夠的冷靜和理智，絕不要以粗暴的態度對待他們，更不能像他們一樣不講道理。如果我們不能很好地控制自己的情緒，那麼只會出現令雙方都不愉快的局面。

既然不能以粗暴的態度對待不講理的人，那麼在遇到這樣的人時，我們就該任由其不講道理，讓自己委曲求全嗎？答案當然是否定的，我們主張以說理的方式應對這樣的人。

和獨行俠相處

由於成功的經歷和地位、身分的特殊，有許多上司養成了獨斷專行的作風，如果遇到這樣的上司，下屬也應與他們友好地相處，因為這是對你品質的一種考驗，只有經歷得住考驗，才能實現事業的成功。

獨斷專行的上司一般都比較成功，因此常固執地堅持自己的觀點，聽不進任何勸告。他是上司，他是正確的，他不容你忘記這一點。在他眼裡，他的方法再不好，也不容置疑。他不容分說地強加給你一些他認為合理而實際上卻未必如此的要求。如果你想在他的支配下出人頭地，必須想盡一切辦法來表現自己。

獨斷專行的上司因為自己大權在握，所以時時、事事都要求別人對他表現出特有的尊重，他總是認為別人不夠尊重他，認為下屬企圖左右他。這些上司常有的心理是：「這些人對我不夠尊重，什麼事情都做不好。但我現在有權，我要讓他們知道誰是上司。他們為什麼與我斤斤計較？不恭不敬的員工老是惹是生非，在這種情況下管好這個爛攤子，真是夠累。我才不管他們是怎麼想的，只是他們必須按我的要求去做。」

當下屬向這種上司提出建議時，他很少會採納，不但如此，他甚至還會認為下屬居心不良，他總是費盡心機地維護自己，生怕自己的權力被他人奪去。

試想一下，如果你的上司如此獨斷專行，你會是何等的痛苦，可是痛苦能解決問題嗎？能幫助你與獨斷專行的上司愉快相處嗎？當然不能，要想與之愉快相處你就要掌握一定的方法和技巧，巧妙地與獨斷專行的上司展開周旋。

獨斷專行的上司工作能力的確很強，也正是因此他才越來越聽不進去別人的意見，總愛指揮別人，還看不起別人。作為這種上司的下屬，往往很難得到他的重視，尊重和欣賞就更談不上了。

要想改變上司的這種獨斷專行的作風，直接指責永遠達不到目的，迂迴說服才是最有效的方法。在與獨斷專行的上司相處時，你應該充分運用自己的聰明才智來獲

取他對你的信任、重視和尊敬。如果你直言相告，指出他犯了錯誤，就會招致他的報復。如果你平心靜氣地跟他交談，指出他這種作風的弊端，反而可能會得到他的理解和好感，因為即便是獨斷專行的上司也需要朋友。

記住，不論你的上司多麼不完美，他都是你的主管，你千萬不要與他們產生正面衝突。即使他行為過分，你也要盡量減少與他的正面衝突。你應該用迂迴、婉轉的方法提出你的意見，以免讓主管產生錯覺，形成一種你故意衝著他的成見。否則，你在他手下辦事就更沒有出頭之日了。

面對剛愎自用，要使用迂迴戰術

你是否遇過剛愎自用的上司？這樣的上司常常令許多下屬難以忍受，可是不忍耐他，不與他搞好關係就不會獲取事業上的成功，因為他是你的頂頭上司。要想與剛愎自用的上司搞好關係，自如地應對他的難纏行為，首先就要瞭解這類上司的特點。

剛愎自用的上司常常認為自己的想法一貫正確，而對他人提出的意見一概排斥，只要是他提出的，就有巨大的價值；如果是別人的，那就一文不值。實際上，他根本不想讓部門內的其他人積極地思考問題，如果你膽敢提出與其想法相悖的建議，就

會被他扣上一頂「不敬頂撞」的帽子。這類上司常常會想：「那些給我提意見的人都是一些蠢材，這些蠢材以為他們無所不知，其實他們根本不知道在我接管工作以前，這裡亂到什麼程度。我是用了好幾個月才理順這一切的，現在他們竟然想磨滅我的功績。」

許多具有真才實學、在工作上具有很多創意的人都不願意與剛愎自用的上司打交道，甚至想早日擺脫剛愎自用的上司。因為這樣的上司很難聽進別人的意見或建議，似乎所有提出建議的人都是故意與他過不去似的。因此，一旦遇上這種剛愎自用的上司，閉口不言是對他、對己、對公司都是沒有任何好處的，因此要想改變這種局面，下屬們必須掌握應對的方法。

與剛愎自用的上司共處，你的目標是：讓你的想法得到客觀的考慮，同時又不致引起上司的反感。

1. 提建議而不是提意見：當你向剛愎自用的上司提出建議時，應當向其說明此項建議不是要求變革，而只是供他參考。表明你希望得到的不過是要讓你的想法得到考慮。你要強調上司的重要性。你要表示你的建議被採納只能說明一個事實：就是上司的英明。

2. 受到上司的啟發：表明在你想法形成的過程中，上司起到了決定性的作用。你

必須使上司充分意識到這一點，比如要說明你是在上週聽到他的談話之後才產生什麼想法；或者，是今天早晨在他和你商討提高生產率的必要性時，才產生什麼念頭。要對他說，你聽了他的話才產生靈感，這樣可以使他能夠把你的建議當成自己的建議來考慮。

3. 選擇合適的時機： 在進行深入探討之前，你首先要問上司，他是否有時間，否則，你可能會使他難堪。如果你知道自己的建議能得到大多數人的支持，不妨在開會時大膽地把建議講出來。

4. 簡明扼要： 在你開口之前，最好先把自己的想法寫在紙上，事先把你的主要觀點寫在紙上。這樣做，在彙報中才會講得清楚透澈。

5. 抓住要點，據理力爭： 如果你的建議遭到指責，你要想辦法據理力爭。在上司對你的建議發表意見時，你要記下你認為合理的反對意見，接下來在你發言時，首先要對正確的批評有所交待。而對其他意見則可以不予理睬，接著你要繼續論述其他正確觀點。

6. 給上司留餘地： 你要給上司留出考慮的時間，在他感到還沒有掌握一切時，為了保持自信，他可能拒絕你提出的一切建議。這時，你什麼也不要說，等他瞭解情況後再讓他重新定奪。

7. 變換說辭再提建議：

如果你的上司拒絕改變主意，那就回去重新組織你想要解決的問題，然後再次向他提出。因為有時候，人們因為一種理由拒絕後，可能會因為另外一種理由而接受。

剛愎自用的上司雖說難以聽進別人的意見和建議，但是如果你結合實際情況巧妙地採用以上迂迴婉轉的方法，那麼我們相信，你一定能夠成功地應對，令剛愎自用的上司接受你的建議，重視你的才幹。

分辨責難的善惡

責難就是責備非難。這有兩種情況，對責難的控制辦法，也要區別對待。

第一種，善意的責難。他人會對事情有疑問或不同意的地方，提出問題和反對意見。對善意的責難應盡己所知，認真、負責地闡述自己的觀點或解答對方的問題，只要不是涉及國家、組織機密和防害風化等內容，都應有問必答，不可用「無可奉告」之類的外交辭令搪塞。如果確實回答不了，要老老實實地表示歉意，或者留下另行探討的話語。

第二種，惡意的責難。也有故意刁難說話的「鐵齒銅牙」，搞惡作劇，以達讓別人難堪、出醜的目的。對惡意的責難應針鋒相對，堅決、果斷地予以駁斥或揭露，手

法上可以多樣化；或反唇相譏，或以牙還牙，或幽默風趣。此外，面對別有用心的攻擊，還可運用話題轉移法。

一般情況下，人們在同一思維過程中，使用的語言內涵應是確定的，要符合邏輯的同一性，不能任意改變概念的範圍。然而，在某些特殊的場合，人們又可以利用言語本身的不確定性和模糊性來「偷換概念」，使對話雙方話題中的某些概念的本質含義不盡相同，以求得到特殊的交際效果。

一位日本政治家在演講時，遭到當地某個婦女組織代表的指責：「你作為一個政治家，應該考慮到國家的形象，可是聽說你竟和兩個女人發生了關係，這到底是怎麼回事呢？」頓時，所有在場的群眾都屏聲息氣，等著聽這位政治家的桃色新聞。政治家並沒有感到窘迫難堪，十分輕鬆地說道：「還不止兩個女人，現在我還和五個女人發生關係。」

然而，政治家繼續說：「這五位女士，在年輕時曾照顧我，現在她們都已老態龍鍾，我當然要在經濟上照顧她們，精神上安慰她們。」結果，這位代表無言以對，所有的聽眾掌聲如雷。

這種直言不諱，使代表和群眾如墜霧裡雲中，迷惑不解。

當然，我們在運用這種「話題轉移術」時應該注意到，轉移了的話題與原話題應有一定的聯繫。

面對刁難要看準時機反擊

一般來說愛刁難的「鐵齒銅牙」說出的話和行為方式都咄咄逼人。這類人基本上都是有備而來，或是對自身條件估計得比較充分，非常有自信能夠戰勝你。他們通常對你的要害部位實施猛烈攻擊，使你十分被動而無招架之力。那麼，對這類人究竟應該怎樣應對呢？

守中有攻，這是使自己能站穩腳跟的最佳辦法。在古代的哲學或兵法中，有關這方面的論述很多，我們每個人也許都有這方面的經驗。這種方法說白了就是先把拳頭藏起來，等候時機成熟，看准了對方，再猛烈打回去。

守中有攻一般在下列兩種情況下使用極為有效：

第一種情況是等到對方不能自圓其說的時候，這時你就應該反攻了。我們知道這類人在一開始會咄咄逼人、鋒芒畢露，也許你根本找不到他的破綻。但是你應該抱著這麼一個信念，他的鐵甲再厚實堅硬，也總有能下手的地方。只要你注意觀察、看準時機，一旦其鋒芒收斂，想作喘息、補充的時候，這就是個機會。

第二種是當對方已是黔驢技窮的時候。這時對方已經把要進攻的炮彈全部發射完

畢，而後發現，他連你的「傷口」部位還沒找到。這就是所謂的「黔驢技窮」。他技窮之時，也是你反攻之時。

愛刁難的「鐵齒銅牙」最大的特點是總想使別人難堪，以顯得自己聰明、能幹，假如對方的問話是你所必須回答的、不能推脫的，而又要對方跟著你的思路走時，你可以裝作退卻。待對方乘機逼過來，你再把他帶得遠些，讓他完全進入圈套，然後再回過頭來對他反擊。

戰國時，韓國的使者史疾來到楚國。楚王問他：「貴客信奉何種方術？」史疾答道：「我研究列禦寇的學說。」「您推崇什麼道理呢？」「推崇正名。」

楚王問出興趣來，繼續問道：「正名能治國嗎？」史疾說：「可以。」「用正名的方法如何防範強盜？」楚王這樣問倒有詭辯之嫌了。此時，恰巧有隻喜鵲停在房頂，史疾便反問道：「請問楚國人把這種鳥叫做什麼？」楚王回答：「叫做喜鵲。」「稱作烏鴉，可以嗎？」「不可以。」史疾說：「如今大王的國家有相國、令尹、司馬、典令等官出缺，在您選用、安置官吏的時候，一定選擇廉潔奉公者擔任其職。可是，如今楚境內賊盜公然橫行，官吏卻沒能力制止，這就屬於烏鴉不稱作烏鴉、喜鵲不叫作喜鵲的事了。」楚王無言以對。

保持理智

和「鐵齒銅牙」這樣的人爭辯，的確是件很痛苦的事情。有時候明明道理就在你這邊，但就是因為說不過他，弄得你更是火冒三丈，如果真的是這樣，你該怎麼辦呢？

華盛頓大學社會學家格勞斯指出，遭到公開羞辱當然不是一件樂事，也不是一件可容忽視的瑣碎小事。當因羞辱而受到感情傷害時，大多數人會失態：發火、口吃、臉紅。但你應該有另一種選擇：保持理智，控制情勢。

不要花很多時間陷於煩惱，「為什麼這個人要羞辱我？」有些人蓄意使你感到窘迫，是因為他在心理上感受到你的威脅，或是為了報復你曾做過對他不利的一些事。

另有一些人則僅是出於如鯁在喉一吐為快而不在意羞辱了他人的愛開玩笑。當然，究竟如何來應對這類窘迫的遭遇，得看當時的具體情況。如果你的老闆或上司在同事們面前指責你，而且很可能下次還會這樣做時，你可以用下列的話來應對這種情況，從而以冷靜的自信來維護你的自尊：「我們是否能單獨探討一下這個問題？」

同樣，如果你受到配偶或好朋友的這類傷害，與其以挖苦式的譏刺回敬，倒不如平靜地向他說明，你受到了他的傷害。如果他繼續使你感到窘迫，你可以向他進一步表

示你將失去對他的信任。這種應對能力充分顯示你清醒而健康的自尊和受人尊重的感情控制能力，使傲然的對方感到相形見絀，從而反省自己的言行。

當有些人第二次有意羞辱使你感到窘迫時，你也許需要採取更嚴肅的措施。有時你必須當場阻止他，對他說：「看來你是有意讓我感到難堪，能否告訴我這是為了什麼？」或者對他這樣說：「你看來很煩惱。是否有些什麼使你不愉快的事情呢？」這種應對能表現出你不失於人的理智、不難於人的良好素養，從而贏得旁人的尊重，獲得對方的認同，改變他的消極心態，改善與增進雙方關係。不管你採取什麼態度，最重要的是切忌發火發怒。

失態只能讓尋釁者占上風，而且會招致更深的敵意。

盡量避免爭執

遇到鐵齒銅牙，也許會和你爭論個不休。甚至把你弄得心情煩躁，如果碰到這樣的事情，你該怎麼辦呢？

許多事情並非那麼容易能用經驗加以檢驗。如果你像大多數人一樣在許多事情上有頗為激烈的主張，也有一些辦法可以幫你認識自己的偏見。如果你一聽到與你相左的意見就發怒，這就表明，你已經下意識地感覺到你的看法沒有充分理由。如果某個人硬要說二加二等於五，或者說冰島位於赤道，你就只會感到憐憫而不是憤怒，除非

你自己對數學和地理也是這樣無知。最激烈的是關於雙方都提不出充分證據的爭論。

迫害見於神學領域而不見於數學領域，因為數學問題是知識問題，而神學問題則是見解問題。所以，不論什麼時候，只要發現自己對不同的意見發起火來，你就要小心，因為一經檢查，你可能會發現，你的信念或許沒有充分證據。

不成功的人喜歡僅僅為了爭論而爭論挑起爭端，或者使其他人失去心理平衡。那些挑起爭端的人也許會想，此刻朋友們和同事們對他們的機敏與智慧留下深刻的印象。美國眾議院著名發言人薩姆·雷伯說道：「如果你想與人融洽相處，那就多多附和別人吧！」

他的意思不是說你必須同意別人所說的一切，而是說你不可能一方面無休止地激惱別人，而另一方面又指望別人來幫助你。結束了一天工作後的人們，不喜歡把時間花費在無休止的爭論上。如果此刻你挑起爭端，他們會迴避你，而你將會發現，你已被其他好爭辯的失敗者們所包圍。

林肯早年因出言尖酸而幾至與人決鬥。隨著年歲漸增，他亦日趨成熟，在非原則問題上總是避免和人發生衝突，他曾說：「寧可給一條狗讓路，也比和牠爭吵而被咬一口好。被咬了一口，即使把狗殺掉，也無濟於事。」我們在遇到某些不講理的人

時，如果不爭論也無關緊要，不存在大是大非的問題，那麼學習林肯，把對方當「一條狗」好了。

卡內基指出：普天之下，只有一個辦法可以從爭論中獲得好處，那就是避免它。避開它！像躲避響尾蛇和地震一般。十有九次，爭論的結果總使爭執的雙方，更堅信自己絕對正確。不必要的爭論，不僅會使你喪失朋友，還會浪費你大量的時間。

美國心理學家布斯和鮑頓曾調查了一萬例真實的爭論。他們偷聽了社會各個階層人之間的爭論，包括計程車司機，夫妻之間，推銷員和櫃檯服務員，甚至包括聯合國的辯論。他們用錄音做仔細分析，最後無比驚訝地發現了一個問題：職業的辯論家，包括政治家和聯合國代表，他們的意見被接受的成功率反而不如在路上進行遊說的推銷員。

其原因就在於，專業辯論的目的在於找出對方的弱點進行駁斥進而達到推翻其意見的效果，而與此相反的推銷員的目的卻是避免爭論，他們只是盡力找出一個觀點使對方能接受、贊同或改變主意。

每個人在講述自己觀點的時候，其實不僅僅是在就事而論，首先往往是他自己必須認同這個觀點，認為它是對的，因此才會說出來。所以，當他的觀點受到別人的攻

擊，他首先想到的絕對不是懷疑自己，而是懷疑別人。懷疑自己是對自己自尊的威脅和攻擊，是讓自己出醜，為了捍衛尊嚴，他勢必不會認輸，甚至明知自己錯了，也會為了自尊而反擊，頑強抵抗。

於是，一場爭論就不可避免地發生了。被駁斥者在為自尊而反擊的時候，其考慮的基礎就不會再放在你的觀點是否正確的問題上，而只在思考怎麼維護他自己以及怎麼從你的觀點中找出漏洞。因此，這種完全非理性的、情緒化的爭論會愈演愈烈，進而出現叫嚷、奚落、威嚇、羞辱，形成了如角鬥一般的個人爭鬥。這時，即使你說得真的是頭頭是道，他也不可能接受。甚至還會演變到從對觀點的駁斥到成為對尊嚴和人格的衝突，也就決定了沒有人能贏得爭論。正如卡內基所說：「爭論的結果使雙方比以前更相信自己絕對正確。要是輸了，當然你就輸了，如果贏了，你還是輸了，因為爭論贏不了他的心。」

是的，想想吧！如果在爭論中你輸了，自然是輸了自己的觀點，無話可說；即使是你贏得了爭論，可是對方卻會因此認為你這個人性格太張揚，不易接近和相處，以後會因此而疏遠你，更嚴重的還可能覺得你讓他丟了面子，輸了自尊，甚至挫傷了別人的自信心和積極性，因此會怨恨你的勝利，對你在心裡產生抵觸情緒，也許還想著總有一天要伺機報復回來。你到底贏得了什麼呢？在你的人際關係中，種下了這樣一

顆不好的種子，結出的會是好果實嗎？是一場小小的爭論重要，還是長遠的良好交友環境重要呢？這就是因小失大的例子。你的觀點不僅沒被接受，還樹立了一個敵人，難道你贏了嗎？

其實，只要我們仔細思考一下就會發現，喜歡爭論的人往往對自己沒有信心，希望通過爭論的勝利來說明自己的水準，維護自己的尊嚴，這種想法本身就已經暴露了他們的低自尊，企圖壓低別人來抬高自己，把別人駁得一無是處，自己卻洋洋自得。

當一個人的自我修養處於一種很高的境界和水準的時候，他絕不會再用爭論的方式來解決問題。當然，不可否認的是，這其中不僅有自我修養的提高，也存在著一些技巧：

1. 歡迎不同的意見：有這樣一句話，「當兩個夥伴總是意見相同的時候，其中一個就不需要了」。人的思維不可能是絕對的完整和全面的，總有一些客觀或主觀的原因讓你有所忽略，那麼，有人給你提出來可謂是一件好事，提醒你注意，避免你下次犯下更大的錯誤，你真的應該衷心地對他說謝謝。不同的意見絕對不是引起爭論的好理由。

2. 不要急於為自己辯護：人也是動物，有最基本的生理反應，就是自衛。當一遇到對抗或者是攻擊的時候，直覺就會讓你首先要去自衛，要為自己找理由去辯護，這就

是爭論的開端了。因此，應該先冷靜地聽完對方所有的觀點，客觀地分析和思考，說不定就真的能從中獲得極大的益處。不要急於作出第一反應，這時冷靜是最好的。

3. 要誠實：如果發現自己真的有錯，絕對不要再試圖為此掩蓋或找理由開脫，那只會欲蓋彌彰。誠實地向對方承認自己的錯誤，並且請求他的諒解，別人是無法拒絕的。也就會解除他的武裝，使他不再步步為營，也就能讓你繼續冷靜地去找出解決問題的更好方法，而不至於爭論起來。

4. 答應考慮對方的觀點：首先要說明這種同意絕對是出於真心，因為我們每個人都應當意識到自己思維的偏限性和易僵化性，所以要時時保持謙虛學習的態度和多聽取他人意見的心態。對方提出的觀點極有可能存在正確的一面，如果暫時不能做出判斷，那麼就應該答應再花時間多考慮他的觀點，防止自己犯錯，也讓他人覺得受到尊重，爭論就不可能發生了。

5. 找出共同點：有的爭論，到最後雙方發現其實彼此的觀點中有很多相似的地方，完全沒有必要去為此而爭執不休。然而，爭論對感情的傷害已經造成，不可挽回，豈不是件憾事。因此，在一開始就去尋找雙方的共同點，既能保持雙方的良好關係，又有利於找到靈活解決的方法。正如湯瑪斯·傑弗遜所說：「在原則問題上堅守立場，在極端問題上靈活處理。」

以沉默應對「口水」

最難纏的人物，莫過於那些生性淺薄而缺乏自知之明的「鐵齒銅牙」了，他們以攻擊人家的弱點為樂事，得理不饒人，要你丟盡面子才肯甘休。如果在你的周圍剛好出現這樣一個人物，他說話的聲音特別嘹亮，每句話像飛刀一樣直插聽者的心中，令人又驚又怒，你應該如何作出適當的反應，讓對方曉得你並不好欺負，而又不失自己的風度？

喜歡逞一時之快，嘲笑別人，以求達到傷害對方自尊心目的的人，都有一個通病：欺善怕惡。由於缺乏涵養，認為別人無言以對，把對方踩在腳下，自己便會升高一級，增加自我的價值，結果慢慢地形成一種暴戾習氣，對人對事一味挑剔，還自認為具有非凡的洞察力、見識過人，別人越是顯出畏懼，他們越是得意洋洋，什麼尖酸刻薄的話，都不吐不快，毫不知道收斂。

面對這種自以為口才很好，卻極其討厭的人時，你既不要隨便示弱，也無須自我降格，跟他針鋒相對，你應該這樣做：

1. 默不作聲： 當他正在噴口水，心情興奮，口若懸河地把你的弱點一一挑出來取笑時，你只須平靜地定睛看著他，像一個旁觀者，興味盎然地欣賞眼前這個小丑的每一

個表情，對方便會難以再唱獨角戲。

當他實在太惹人厭，總是找你的麻煩，每句話都是針對著你時，你要盡量壓抑怒氣，裝作聽不見，切勿中了對方的詭計，跟他唇槍舌劍。如果你根本不理會他，他便無法而對話下去，他的弱點會因此而暴露無遺，有目共睹，同時更顯出你非比尋常的涵養功夫。

2. 退避三舍：在對方說得起勁，更難聽的話也脫口而出的時候，你實在不必再忍受這樣膚淺的人，你可以站起來禮貌地說：「對不起，請繼續你的演說。我先走了。」如果對方還存有一點自尊的話，他應該感到羞恥。

顧及對方的面子

在應對不講理的同事時，我們在不以粗暴的態度對待對方，善於說理，爭取以理服人的同時，還要盡量照顧對方的面子，讓對方有臺階可下。

關於這種方法的具體運用，我們來看下面這個十分典型的例子：有一個商場營業員，遇到一位中年顧客來退電鍋。那電鍋已經用得半新半舊了，他卻粗聲粗氣地說：「我用了一個多月就壞了，這是什麼爛貨？給我換一個！」營業員耐心解釋，他卻大

吼大嚷，並滿口髒話說什麼「我來了你就得給退，光賣不退算什麼！」營業員為了不使爭吵繼續下去，便溫和地對他說：「這電鍋已經用了一段時間了，又超過保固期間，按規定是不能退的。可是你執意要退，那就乾脆賣給我好了。」就在營業員掏錢的時候，那個粗暴的顧客臉紅了，停止了爭吵，悄然離去。

像這樣一種照顧對方面子的方法，是對付不講理的人一種較好的方法。反之，如果這位營業員當眾指責對方不講理，一點不顧對方面子，事情就有可能越鬧越大。

從這個例子中我們可以得到有益的啟發：如果在我們的同事中也發生類似之事，或者發生不講理的事，如能運用顧及對方面子的這種方法，就能取得較好的效果；如果一味指責對方，不顧及他的面子，那對方肯定不會接受你的意見。盡量照顧對方的面子，你就會更好地與這類同事相處。

謙遜的人最受歡迎

有些人愛面子是很正常的事情，但是如果太愛面子了，就會給你造成麻煩。如果一個人認准了他就是比你強，一見面就會和你爭執，再加上他是「鐵齒銅牙」，恐怕就更讓你吃不消了。那麼究竟該如何和這種人相處呢？

安德魯・卡內基是美國的鋼鐵大王，他白手起家，既無資本，又無鋼鐵專業知識和技術，卻成為舉世聞名的鋼鐵鉅子，這當中充滿著神奇的色彩，使許多人迷惑不解。

有一位記者好不容易才令卡內基接受採訪，他迫不及待地劈頭問：「您的鋼鐵事業成就是公認的，您一定是世界上最偉大的煉鋼專家吧？」

卡內基哈哈大笑地回答：「記者先生，您錯了，煉鋼學識比我強的，光是我們公司，就有兩百多位呢！」

記者詫異道：「那為什麼您是鋼鐵大王？您有什麼特殊的本領？」

卡內基說：「因為我知道如何鼓勵他們，使他們能發揮所長為公司效力。」

確實，卡內基創辦的鋼鐵業是靠其一套有效發揮員工所長辦法取得發展的。卡內基的鋼鐵廠因產量上不去，效益甚差，卡內基果斷地以一百萬美元年薪，聘請查理・斯瓦伯為其鋼鐵廠的總裁。

斯瓦伯走馬上任後，激勵日夜班工人進行競賽，這座工廠的生產情況迅速得到改善，產量大大提高，卡內基也從此逐步走向鋼鐵大王的寶座了。可見，卡內基是十分聰明的，如果他自命是最偉大的煉鋼專家，那麼，至少會導致一些水準與其不相上下的專家不肯為其效力，即使是斯瓦伯這樣的管理專家，也不會被看重使用，而人們也

不會如此敬仰卡內基了。

法國哲學家羅西法古說：「如果你要得到仇人，就表現得比你的朋友優越吧；如果你要得到朋友，就要讓你的朋友表現得比你優越。」

為什麼這句話是事實？因為當我們的朋友表現得比我們優越，他們就有了一種重要人物的感覺，但是當我們表現得比他還優越，他們就會產生一種自卑感，造成羨慕和嫉妒。

紐約市中區人事局最得人緣的工作介紹顧問是亨麗塔，但是過去的情形並不是這樣。在她初到人事局的頭幾個月當中，亨麗塔在她的同事之中連一個朋友都沒有。為什麼呢？因為每天她都使勁吹噓她在工作介紹方面的成績、她新開的存款戶頭，以及她所做的每一件事情。

「我工作做得不錯，並且深以為傲」亨麗塔對拿破崙‧希爾說，「但是我的同事不但不分享我的成就，而且還極不高興。我渴望這些人能夠喜歡我，我真的很希望他們成為我的朋友。在聽了你提出來的一些建議後，我開始少談我自己而多聽同事說話。他們也有很多事情要告訴我，比聽我吹噓更令他們興奮。現在當我們有時間在一起閒聊的時候，我就請他們把他們的歡樂告訴我，好讓我分享，

而只在他們問我的時候我才說一下我自己的成就。」

蘇格拉底也在雅典一再地告誡他的門徒：「你只知道一件事。就是你一無所知。」

無論你採取什麼方式指出別人的錯誤，一個蔑視的眼神、一種不滿的腔調、一個不耐煩的手勢，都有可能帶來難堪的後果。你以為他會同意你所指出的嗎？絕對不會！因為你否定了他的智慧和判斷力，打擊了他的榮耀和自尊心，同時還傷害他的感情。他非但不會改變自己的看法，還要進行反擊，這時，你即使搬出所有柏拉圖或康得的邏輯也無濟於事。

永遠不要說這樣的話。

你改變看法，我比你更聰明。」這實際上是一種挑戰，在你還沒有開始證明對方的錯誤之前，他已經準備迎戰了。為什麼要給自己增加困難呢？

德國人有一句諺語，大意是這樣的：「最純粹的快樂，是從美慕我們的人的不幸中所得到的那種惡意的快樂。」或者，換句話說：「最純粹的快樂，是我們從別人的麻煩中所得到的快樂。」

是的，你的一些朋友，從你的麻煩中得到的快樂，即可能比你的勝利中得到的快

樂多得多。因此，我們對於自己的成就要輕描淡寫。我們要謙虛，這樣的話，永遠會受到歡迎。要比別人聰明，但不要告訴人家你比他更聰明。

練習自信

我們當中的很多人都曾經體會到自信、鎮定和別人說話不是一件非常容易的事情，特別是當我們的說話對象隨時想指出我們的錯誤時，或者是我們的說話對象與我們一爭高低時。他們可能會讓我們在公眾面前顯得十分難堪和愚蠢，在這種情況下，我們需要具備更大的自信心才能在一群人或是在一群朋友面前說話。

所以你能做的是什麼呢？你怎樣做才能不被眾人取笑，或是被某人的大喊大叫說服？試著正視鏡中的自己，並大聲地重複著這句話：「我僅僅是要表明自己對這件事的觀點。」聽起來怎麼樣，還不錯吧？聽了太刺耳？試試其他類似的句子，諸如：「能否讓我僅就這件事表明一下我的態度」等等，直到你找到了認為適合自己使用的、運用自如的開場白。

現在每日對著鏡子練習你的開場白，相信時間長了這就會形成一個習慣，而且這習慣會讓別人對自己刮目相看。因為一旦再碰到有人想欺負你或是想通過說話占點口

舌便宜時，你久經練習的這句話就會從你嘴裡情不自禁地脫口而出。

建立自信是一個漫長但是很值得為之奮鬥的一個過程，這個建立過程也不可能在一夜之間完成，所以接受一些使用自信口吻說話的培訓課會使你在建立自信心方面取得巨大的進步、得到飛躍式的提高。

使用自信的口吻說話並不代表是好鬥、愛攻擊人，或喜歡給人壓迫感，或是愛與人作對。人們會認為，作為一個人，你有自己的想法和需求、欲望以及其他的權利。一個重要權利就是要求受人尊重，有權要求表達自己的觀點，有權要求別人傾聽你的觀點和想法。只有當你說話時態度是平靜的，而且能注意控制自己的感情時，你才會被人看作是在用非常自信的口吻說話（不管實際上你內心的感情是多麼洶湧澎湃）。

現在有許多地方可以買到「如何使用自信的口吻講話」的書，你可以將書本中學到的技巧結合、實踐到每天的日常中，這樣你就會得到很大的提升。

一個特別有效的技巧叫做「打斷插話」，也就是你可以用一種清楚明確的聲音向對方提到你想要的東西或是擔心憂慮，直到對方意識到你的需求。例如，對話可能是這樣的：「我想請你幫我從文具櫃中取一些筆給我。」「什麼！你認為我是整天只為你服務的嗎？」「我只是想請你幫我從文具櫃中拿幾枝筆給我。」「你沒看我現在手上還有工作，為什麼誰都不能讓我清靜地做點事。」「我很體諒你的感受，但我只

想請你幫我從文具櫃中拿一些筆給我。」這時，更有可能的情況是這個人已經站起身為你拿筆去了。你需要的僅僅是表示你聽到了他們所說的話，並表現出很同情的樣子（「我很體諒你的感受⋯⋯」）。但是你也要通過重複你的要求，表明你不會被他們的反應所左右，不會與他們爭吵起來。如果他們再繼續像這樣對你說話，就要堅持讓他們滿足你的要求，最終他們會向你妥協。

第4章
公司裡沒有秘密

散播八卦的大嘴巴

四處傳閒話，不管是無心之舉，或是故意造謠生事，
無論是哪一種，都會對你造成無法估量的損失。

唯恐天下不亂

我們常常遇到這樣一些人：他們到處散布別人的「隱私」，每天不是東家長就是西家短，沒完沒了，讓人厭煩。他們或許只是沒事練練舌頭，或者增加一點飯後的話題，但是他們的言詞對別人產生了很大的影響。

我曾經遇到過這麼一位女士，年約四十來歲，外號就是讓人覺得可怕的「大嘴巴」。她的本職工作是在辦公室裡整理檔案資料。守著一大堆的資料不看，她整天說長道短，也不知道她從哪裡來的那麼多消息，反正她總能得到公司裡最新的八卦消息。我覺得她具備做間諜的本領，有捕風捉影的洞察力和鍥而不捨、不怕白眼的決心；還兼備做主播的天分，能把看來的、聽來的甚至編來的故事講得頭頭是道，唯妙唯肖。

「大嘴巴」之所以敢在公司口無遮攔，因為她的老公是我們部門的經理。有一天我在資料室碰了個釘子，在那裡工作的沈小姐居然一邊照鏡子塗口紅一邊說她在忙，等一下才能給我找資料。我氣呼呼地從資料室裡出來，沒想到「大嘴巴」也跟了出來，附耳過來說：「你不知道啊，沈小姐是公司副總的表妹，一個高中文憑的菜鳥就來管理資料室，工資還加了一千塊。」

我目瞪口呆地看著「大嘴巴」：「你又知道？」

「大嘴巴」一臉得意地笑：「我就是知道啊，也不是我喜歡問，都是人家告訴我的。」

「大嘴巴」天生就是做間諜的材料。她幾乎知道公司裡所有的資訊，人事部的祕書是哪個經理介紹來的，知道為什麼某某某沒有升職，還知道某部門的經理怎麼一步步成為某副總的人。她可以明明白白地講述整個過程甚至細節，有如親見。但是，有她在也不是沒有好處。她告訴我們主管今天早晨被老總罵了，心情不好，我們就會小心謹慎，如履薄冰；她通知今天下午二點半所有部門經理去飯店開會，我們就可以在辦公室大肆狂歡。

有一天「大嘴巴」神祕兮兮地告訴我：「知道嗎？財務部的祕書黃小姐，就是頭髮長長的那個，懷孕了！」

「你說哪個小女孩？就是看上去挺漂亮的那個？」

「大嘴巴」重重地點點頭。那個女孩我認識，二十多歲年紀，頭髮溜光水滑，皮膚細膩白皙，是公認的美女，光我們部門就有幾個單身男子在追她。

「不會吧，她結婚了？看上去年紀挺小的。」我說。

「嘿嘿，就是沒結婚，資料上是未婚。」「大嘴巴」的神祕笑容裡還有些幸災樂禍。

「你看過她的資料？每個人的資料在人事部都是保密的。」我瞪大了眼睛看著「大嘴巴」，一向以為她就是在小道消息上有一套，想不到她的觸角可以延伸到保密資料上去。

自從那天以後，每次看見黃小姐，我都忍不住瞄一眼她的肚子，好像沒什麼徵兆。不過，「大嘴巴」的消息一向不是空穴來風，她說已經有三個月，還不至於顯現出來。黃小姐面色憔悴，少了許多光澤，低眉順眼的樣子，透著可憐。忽然我覺得我們知道她這樣的隱私是一種罪孽，好像是我們傷害了她。

沒多久，「大嘴巴」又來通知我們，黃小姐辭職了，剛向人事部提交了辭職信。

這邊的討論還沒有開始，黃小姐就無聲無息地走了進來。她憤憤地看著「大嘴巴」：

「這下你滿意了？」

「大嘴巴」尷尬地站著，沒有回答。黃小姐狠狠地咬著牙：「你喜歡宣傳不是嗎？你有後臺就可以為所欲為嗎？我告訴你，我也有後臺，我的後臺就是你的老公！」那一刻「大嘴巴」的臉色變得慘白，辦公室裡鴉雀無聲。

我已經從那家公司辭職了，可是那一幕始終讓我記憶猶新。如果你的身邊也有

這樣的「大嘴巴」，一定不要和這種人談論私生活，甚至你的年齡、學歷、經歷、愛情婚姻狀況等。不要隨便對她說出自己的過去和隱祕思想，以免成為別人茶餘飯後的話題。

對待「大嘴巴」的無聊傳播，你也要敢於揭穿他們，千萬不要成為第二個大嘴巴，這樣反而會助長他們的氣焰。只有勇於制止他們，才會讓他們忌憚。

造謠的心態

在我們身邊有人愛說閒話，這是很正常的。愛說閒話的人，幾乎無處不在。

一個人說另一個人的閒話，或多或少都有一定心理上的原因，或許是為了發洩心中的不滿，或許是為了滿足自己某種陰暗、狹隘的心理。他們喝著熱茶，搧著小扇子，翹著二郎腿，扯著別人的閒話，或透露一些別人的隱私，或影射一下別人的人格，不管是直接散布，還是委婉傳播，不管是加鹽添醋，還是捕風捉影，都是對他人的一種褻瀆，一種踐踏。不利於人與人之間的團結合作，更不利於彼此之間的和睦相處。

然而經常把別人說給他人聽的人，不知哪一天連聽他傳聞話的人也會成了他閒話中的主角，這樣的人，有誰還敢接近他呢？有些人一聽到些許雜瑣的、無關痛癢

的話，就會一傳再傳，慢慢地添油加醋使整個事件面目全非，或許這個謠言傳到當事者耳中，就像是在聽別人的故事一樣。這麼一來，對當事人會造成極大的傷害，人際關係當然會出現一條很深的裂痕了。

愛說閒話的人，大多有點不成熟，並且有點心理上的畸態。這些人往往要在別人的是非之中獲得自己的滿足和充實。這些人的生活是無聊空虛、無所事事的，卻偏偏要無中生有，惹出事端。與這樣的人交往，最容易惹火上身。到頭來，好人也成是非人。這些人，為了滿足瞭解他人隱私的陰暗心理，往往不擇手段，面對這些人我們一定要小心為妙。

客觀地說，說閒話，是人皆有之的。有人明顯，有人淡然。所以「隱私」是說閒話的一大重頭戲。尤其是男女之事，總是讓「有心者」備加關注。

有些人原本是「流水無情」，在這些「落花有意」之人的指引下倒是走上了伊甸園之路。說閒話的人，往往會神祕兮兮地對你說：「這事我就告訴你，千萬不能傳出去⋯⋯」他對每個人都視為知己地傳播他的新發現，甚至擅自想像並將想像當作鐵的事實。

「大嘴巴」是討厭甚至可恨的，因為他們傳播的謠言可能會引起家庭、戀人或主管和同事之間的矛盾、懷疑⋯⋯。

你偶爾開玩笑說一句什麼話，說閒話的人可是「聽者有心」，將它製造成特別新聞，以至於給你造成不必要的麻煩、惱怒、誤會和痛苦。所以，要小心在這些人面前的言行。愛說閒話的人，在你所處的社交圈中，絕不會漏過任何一個人的消息，不管你說什麼、做什麼，這些人都能自成一體地編造一些情節、事端。對這樣的人，人們是不敢輕易密切交往的。

在茶餘飯後說閒話的人是工作效率最高的人，他們總是在「不經意」中把那些不可告人的祕密弄得世人皆知。別人在不知不覺中，已經成了事件主角。當事人還在莫名其妙的時候，「地球人就都知道了」。而那些「事件主角」的生活實在是如履薄冰。即便一位當權在位的人物，為人行事再光明磊落，一旦面對足以淆亂人心的是非流言時，仍然要謹言慎行，忌憚小心，無法無動於衷。

愛說閒話的小人正是摸准了這種心理，得以暗施奸計。一方面他們設法取悅上司，一方面對自己的異己「瘋狂」打擊。他們深知，要扳倒一個人，要搞臭一個人，如果用正當手段達不到目的，就出奇制勝危言聳聽，在一般人想不到的地方下手。有的時候，越是離奇的傳聞越是有人相信，一個正人君子做了誰也沒想到的齷齪之事，人們能不感到震驚和失望嗎？愛說閒話的小人就經常利用這種心理，來達到自己的目的，但是更可悲的是，其險惡用心卻常常得逞。

認清身邊的「大嘴巴」

正常人格意味著人的自尊、自強及自我認知，而有些人則不然，這種人常常喪失自我，最常見的表現為情感空虛。他們平日裡無所事事，愛打聽別人的隱私，傳播隱私，甚至捏造事端，惟恐天下不亂。這些人對個人的情感是一個巨大威脅，他們是良好人際關係的離心力量，如不加以防範，這些人將有可能傷害到你。

這類人常有以下幾種表現：

1. 造謠：傳播沒有事實根據的傳聞和捏造的消息。傳播的「資訊」，一經「出口」概不認帳。其目的在於蠱惑人心、製造事端、魚目混珠、破壞搗亂。

2. 搞「克里空」：「克里空」是原蘇聯衛國戰爭時期劇本《前線》中一個捕風捉影、捏造事實的新聞記者的名字，後被人們借以泛指新聞報導中背離事實、虛構浮誇的報導作風。

當然，愛說閒話的人，也不全都是險惡之徒，大多只是喜歡說些「趣聞」。有時，他們不是原創者，而是傳著被別有用心的人所製造的謠言。他們大多是極不負責任地說說而已，從未考慮事情的來龍去脈，也不會進行理性地判斷、分析。

3. 三姑六婆：這種人多是無所事事，遊手好閒的人，他們以品頭論足、惡語中傷為能事。會議室或茶水間出現一件新鮮事，他們恨不得添油加醋地評論三個月。造謠滋事成為他們精神生活的一部分。

我們再來看看傳謠者的面孔，人們給這類人的綽號更加生動形象。

4. 傳「活電報」：電報的特點是快。而「活」則是傳謠者的特點。唯「活」才能有聲色，唯「活」才能蒙蔽人。「活」就是含有大量水分，能伸能縮。不少人就在這一傳二傳中大做文章，於是「三人成虎」，指蟻為象。

5.「傳聲筒」：傳聲筒的優點是如實轉達，但是缺陷在於不假思索和不加分析。表現最突出的兩個方面是道聽塗說和以訛傳訛。道聽塗說，本身缺乏完整性和可信性。以訛傳訛，往往危言聳聽，害人匪淺。

6. 咬耳朵：這類人傳播謠言是在暗中或私下進行的，他們對於小道消息特別感興趣，聽了馬上就傳。或誤聽誤傳以媚上取寵；或利用他人的猜測心理搬弄是非；或是乾脆藉以誣陷他人，惡語誹謗。值得注意的是，信謠者對這類人的消息往往格外重視。

對於究竟如何判定誰是「大嘴巴」，除根據上述六種表現來判斷外，還可以做幾次試驗，告訴他幾個小祕密，看這些所謂的祕密是否洩露出去。透過這麼做，可以知道對方是否能守密。此外，若發覺你透露給他的東西，遠多於他透露給你的，你就

要特別留意了。觀察對方對人的態度，如果這個人無論是對誰，都表現出過度的熱情與關懷，大多是靠不住的，體會對方的微笑是否真誠，如果一個人只是皮笑肉不笑，他一定懷有其他目的。

對抗流言的方法

在我們的朋友當中有這樣一些人：他們到處散布別人的流言蜚語，搬弄是非。這類人也許只是閒著沒事，或者想要隨便說點有意思的事，活躍一下大家的氣氛，但他們的言辭卻對別人產生了很大的影響。

楊小姐為人善良，又十分好強。大學畢業後，她進入一家公司。一進公司，主管就組織一同來的三十個女同事進行培訓。三個月後，只有楊小姐一人分發到總經理辦公室工作，其他人分派到了不同部門。楊小姐很高興，在總經理辦公室工作，有許多事要從頭學起，她虛心向老前輩請教，勤奮學習，細心觀察別人處理問題的方法。

楊小姐這個人，腦袋比較靈活，辦事也有一定的能力，所以很得上司賞識。就在工作取得一定成績的時候，她聽到別人的議論，說她是靠不正當手段被分到總經理辦公室的，說她與上司的關係不一般等等閒話。楊小姐的上司有能力，但名聲的確不好，為

人粗魯，經常開過頭的玩笑。楊小姐對他也很看不慣，但畢竟是自己的上司，又能怎麼樣呢？所以楊小姐一向對他敬而遠之。可是有些同事總是在背後議論她的品行，他們這些無中生有的議論，使楊小姐心理壓力很大，她沒有用任何手段使自己分到總經理辦公室工作，她自認為是憑自己的本事得到這一份工作的。可是「人言可畏」自從聽到傳言之後，楊小姐處處小心，時常感到孤獨、煩惱，工作積極性不高，精力很難集中起來，每天都生活在煩惱之中。

上例中的楊小姐就是一位典型被流言所傷的受害者，男女關係是愛搬弄是非的「大嘴巴」們最喜歡傳播的小道消息之一。當然，這類人散布的流言不僅僅是這一方面，他們散播的話題非常廣泛，比如，你工作有了一些成績，家庭出現一些問題，甚至多接幾個電話都會有流言產生。流言蜚語是殺人無形，使人陷入深深的痛苦之中而不能自拔。

那麼，應該怎樣對待這些流言呢？

如果在事情發生以前，你有了充分的認識，那麼在受到不公正待遇時就不會影響你的情緒和生活，同時也說明你是一個意志十分堅強、頭腦十分清楚的人。所以，你要提高對流言蜚語的「免疫力」，與那些喜歡搬弄是非的「大嘴巴」們坦然相處。

事實上，有時候有些流言不容我們坦然處之，那些搬弄是非的人散布流言不僅僅

是因為閒著無聊，而是有一定的目的。也正因為如此，我們對搬弄是非者應當區別對待，那就是要根據流言的性質和產生的影響程度，選擇恰當的回擊方法。

如果是一般的閒言碎語，那麼就可以採取與對方交換意見、進行解釋等方式。如果流言屬於惡意誹謗的性質，而且證據確鑿，那麼就應該訴諸法律。因為惡意誹謗者一般是不可能用交換意見的辦法來解決的。

阿偉與洪小姐在同個部門工作。有一天，阿偉與洪小姐外出辦事時在火車站被同公司的小遙發現。從此以後，小遙就到處散布阿偉與洪小姐有不正當關係的消息，對洪小姐和阿偉的工作、家庭和生活產生了極其惡劣的影響。一個月以後的某天下午，阿偉的妻子不知從哪裡聽到流言，竟然跑到洪小姐住宅樓下辱罵洪小姐。洪小姐由此精神受到刺激，家庭關係日趨緊張，她竟想不通割腕自殺，經搶救才脫險。後來，此事被訴諸法律。

如果你周圍存在這種愛搬弄是非的「大嘴巴」，而你又不幸成為他搬弄是非的對象，那麼在必要情況下，你就應當運用法律手段加以解決。因為只有這樣才能保護你自己的合法權益不受侵害，也能維護你的名聲和信譽，更能徹底消除流言對你的負面影響。

人們常常覺得與那些搬弄是非的「大嘴巴」們很難相處，其難點在於他們傳話的

速度實在太快而很少有你插話的機會。如果你能提前與這些無事生非的人在某件事情上進行交流與合作，那麼通常是可以避免受到他們傷害的。

與搬弄是非的「大嘴巴」們交往，你可以採用以下的方法：

1. 給予拒絕：與不同類型的「大嘴巴」交往，有不同的表現形式。與比自己強的人交往，需要誠懇、虛心；與不如自己的人交往，需要謙和、平等。而和那些搬弄是非的人交往，則需要正直、坦蕩。

拒絕為「大嘴巴」們傳播的閒言碎語或為流言蜚語保密，有問題就擺在桌面上，以便大家共同解決。認識事物要有正確的方法，和一定的是非標準。用一句話來說，就是看問題要全面，要有自己的見解，要不偏不倚，不能偏聽偏信。

背後議論別人是一種不道德的行為，幫助別人改正這種習慣也是做人的職責。幫助「大嘴巴」改變這種惡習行之有效的方法是：尊重對方，以朋友式的姿態善意地規勸對方，要向他表示你的誠意和立場，適當的時候還要與他合作。再來就是，巧妙地引導對方獲得正確的認識人的方法。

2. 置之不理：有些人搬弄是非的惡習已成為自己的性格特點，那麼你就乾脆不理睬他。不要認為把是非告訴你的那些朋友是信任你的，他們很可能是希望從中得到更多的題材，從你的反應中再編造故事。所以，聰明的人不會與這種人推心置腹。而令他

遠離你的辦法，是對任何有關傳聞反應冷淡、置之不理、不作回答。

3. 不宜過多交往：有時候，儘管你聽到關於自己的是非後感到憤慨，表面上你也必須努力控制自己的情緒，保持頭腦冷靜、清醒。你可以這樣回答：「是嗎？人家有表示不滿，發表意見的權力嘛！」或者說：「謝謝你告訴我這個消息，請放心，我不會在意的。」如此，對方會感到尷尬，他也不會再來糾纏不休了。

如果對方總是不厭其煩地把不利於你的是非輾轉相告，以致對你的情緒造成莫大的負面影響，你應拒絕和他見面或不接他的電話，因為此類人不宜過多交往。

先發制人才能取得勝利

隨著社會競爭的加劇，採取的競爭手段也越來越豐富了。在各種作風的人中，常常存在一些愛向上級打小報告的人，這也是「大嘴巴」們最愛的事情。

打小報告這種卑劣的手段一旦被別人運用於雙方的競爭之中，那麼無疑，它將對人與人之間的關係、上下級關係以及工作效率和工作氛圍都產生非常惡劣的影響。如果你不幸成為「抓耙仔」的襲擊對象，那你在工作中將處於極其被動的地位，一旦上司聽信了他們的話，那你很可能會因此失去美好的前途。

你要想在工作中免受打小報告的「大嘴巴」們陷害，要想減少競爭中的阻礙，就必須學握具體的應對方法。

在應對打「小報告」的同事時，先發制人是一種處理「抓耙仔」的有效方式。為什麼要先發制人呢？因為一般而言，那些愛打小報告、發黑函的「大嘴巴」們，為了使自己編造的小報告發揮陷害他人的功效，總是要研究人們的心理。日常生活和工作中普遍存在著這樣一條規律，就是人們往往對第一印象比較深刻，一旦形成，常常會積澱為一種思維上的定勢。

某位上司對小華並沒有什麼特別的印象，既沒有好感，也沒有惡感。如果在這時，一個人對他說小華其人是如何品行不軌、道德敗壞等等，那麼，即使他對這個人的話並不全都信以為真，可是，在內心深處卻著實地對小華的人品打了個大大的問號，心理上也必然呈現出惡感的苗頭。等到小華自己或另外的人再為此辯白，說那些攻擊小華品行的話語純屬無中生有、顛倒黑白時，已經為時已晚了。因為，這些辯白和前面形成的第一印象發生了衝突，所以，很難重新進行定位。除非這個後來的印象特別強烈或是不斷地進行多次重複，才有可能改變或是沖淡先前的第一印象。這就好比是一張白紙，第一筆劃上去總是清清楚楚，無論以後怎樣修改，原先紙上已形成的影像也很難完全澈底地消除。

這種思維模式對人們的影響很大，「抓耙仔」正是利用人們的這種思維模式攻擊其他人。可以說你周圍的那些愛打小報告的「大嘴巴」，抓住人們心理上的這一特點，想方設法地做到捷足先登、先發制人。而被傷害的人往往由於疏於防範，棋輸後手，大多處於被動的不利地位，有些人甚至連辯解的機會都得不到，不明不白地被人坑了一次。

當然，我們搶先是為了有效地防範和反擊打小報告的「大嘴巴」們，而不是搶先告別人的黑狀。先行一步防範「抓耙仔」的攻擊，就是「搶奪先機」。

對付愛打小報告的上司

「小報告」是指一種不正當的舉報行為。這種讓人起雞皮疙瘩的行為，也是「大嘴巴」們最愛做的一件事情。

陳主管是我工作後遇到的第一位上司，他看上去忠厚善良，總是笑容可掬的，但直到最後，我才明白那完全是他的偽裝。那時我初入社會，十分天真，沒什麼判斷力，註定會被這些人的外表矇騙。

起初我還認為，他平易近人，還常常特意提醒我：「上班時最好別打私人電話，

否則小何在楊總前說些什麼，對你不好。」「辦公室裡說話要謹慎，這裡可比學校複雜得多，弄不好就有人捅到楊總那裡。」「小高愛打小報告，你對他應多留心……」

小何、小高是我們部門裡的同事，楊總是公司總經理。我一個剛出社會工作的小伙子，遇到的上司居然像老師一樣關心我，心裡暖洋洋的。我就按陳主管說的，盡量注意言行。

但上班不到一個星期，我就被楊總叫去了：「上班不要用公司的電話聊私事，一個下午居然打了兩個私人電話，影響不好，以後注意點。」

我不敢說什麼，一個勁地認錯，心裡暗暗把小何、小高罵了一遍。不知為什麼，這種讓主管不待見的小事特別多，總是我們還沒反應過來，就挨了楊總一頓罵，而且倒楣鬼永遠是我們三個普通職員。

一大，小何因為路上塞車遲到了十分鐘，還沒來得及解釋，楊總就把他叫過去：「怎麼就你總是遲到？前天領辦公用品，聽說你還把一盒影印紙拿回家了！」這些都是小何質問我之後才知道的！原來，又有人在楊總面前打了小報告。陳主管對小何說是我反映的。後來仔細一查才知道，都是陳主管幹的！我們這才明白，以前的相互猜忌都是這個陳主管鬧的，我們還鬥個不停。

我漸漸領教了陳主管對下屬的這些詭計。他一出差，每次來電話都指名我們輪流

接，以確認我們是否因為他不在而偷懶曠工。平時，我們的分機經常響個不停，但一接起來又沒了聲音，原來都是他在檢查我們是否在座位上。

這些事讓人不爽，但我實在不知道如何和他理論，畢竟他是主管，對我們的飯碗有生殺大權。想向上頭反映，但楊總又怎會輕信我們幾個小字輩？於是大家就認了。

我們三人逐漸怨氣沖天，湊到一塊兒就抱怨，但一點實際用處也沒有。

終於有一天，我實在忍無可忍。這天剛上班，楊總就找我談話：「聽說你對公司這次獎金分配不滿。這是為什麼？」楊總越說越嚴屬，並認為我的意見是針對他。我吃了一驚，從為自己辯解到漸漸沉默，後來乾脆問楊總：「是誰反映的情況？」楊總耐不住我幾次三番地問他，終於說出來：「是陳主管。」

就在離開楊總辦公室的那一刻，我下決心：必須找他說清楚。

那天碰巧部門聚餐。我喝了幾杯悶酒，走到陳主管身邊，請他到屋外聊幾句。我轉身先走，當時心跳加速，手心開始冒汗。我點了一根煙。陳主管出來了，依然滿臉的微笑。我壓了壓嗓子：「陳主管，我們都是男子漢，說話爽快。是不是你向楊總打我的小報告？」

陳主管先是吃驚，旋即一臉正氣：「絕不是我！」

「我只提過一句：獎金對行政部門不夠公平。在場的人都聽明白了，我只不過隨

口一提，你憑什麼說我對楊總有意見？」

陳主管慌張了，連連搖頭：「不是我，不是我⋯⋯」

「楊總說就是你！」

「絕不是！」他隨即賭咒發誓，「如果是我說的，我就遭受天打雷劈！」

何必呢？編句謊話為何要拿生命起誓。看著他猴急的樣子，我甚至有點可憐他。

我沒說什麼，轉身就走了。過沒多久，我主動調離了這個部門。所經歷的一切，都讓我上了生動的一課，讓我開始成熟起來。可是這種經歷以及成熟所換來的代價，卻讓我心痛不已。

我想告訴那些和我有著同樣經歷的人，先發制人是對付「報馬仔」的有效方式，防範小人捷足先登告狀。如果他是你的上司，那就盡量不要針鋒相對，巧妙利用第三者客觀、中立的態度向上司說明事實的真相，可以輕而易舉地揭穿打小報告者的謊言。不給愛打小報告的上司留下把柄，是應對這類小人的根本途徑，是防止他發黑函的根本方法。如果再遇到這種上司，應奮起反抗，不要默默承受委屈。

辦公室有沒有純友誼？

我們對待朋友往往是很真誠的，把心裡面的話說給他們聽。但是如果你的這位朋友有「大嘴巴」的毛病，你將會面臨什麼樣的局面？

史蒂夫是一個非常開朗、坦誠的人，對朋友總是敞開心扉，無所不談，所以史蒂夫的社交圈比較廣。上大學時，有一個比史蒂夫低一屆的學弟，由於他們的性格、志向以及家庭等方面的情況都非常類似，成了無所不談的好友。

史蒂夫畢業後，一次偶然的機會，又遇到他的學弟，學弟向他請教一些職場上的事情，而史蒂夫也是「樂為人師」，毫無保留。巧的是學弟畢業後也進了史蒂夫所在的公司，而且是同一個部門。史蒂夫想這下好了，「上陣父子兵，打仗親兄弟」，他和學弟一定可以攜手創造出優異的業績。

工作上的問題，史蒂夫和學弟一起討論解決，複雜的業務他們分工合作，最後共同討論解決方案，經常一起工作到凌晨三、四點。他們的精誠合作創造了優秀的工作業績，史蒂夫和學弟都受到了上司高度的重視和好評。

那天晚上，史蒂夫和學弟兩個人在辦公室裡，又一次在規定的時間內完成了同行看來「不可能的任務」。時間晚了，不想回家，兩個人索性到一家酒館喝酒談心。毫

無戒心的史蒂夫向學弟訴說了他打算自己做老闆的夢想，準備工作兩年，賺些錢再開公司。

後來，史蒂夫意識到上司對他和學弟的嘉獎不再一視同仁，學弟明顯比自己更受到器重。史蒂夫開始不解，找上司談話，上司總是閃爍其詞，談到公司願意把鍛鍊機會更多的給那些願意在公司長期服務的員工等等。

史蒂夫開始反思，後來終於明白，是學弟向上司「報告」了自己的私人打算，才使得謹慎的上司對自己的忠誠度產生了不信任。

不久，史蒂夫在公司失去了發展的前途，黯然提出辭職，到了另一家公司。從此史蒂夫有了一句座右銘：「辦公室裡沒有朋友。」

現在的史蒂夫學會了和別人「下棋」：在細節上保護好自己，不去深入瞭解別人，免去許多不必要的煩惱；不讓別人瞭解自己的私人生活，時時注意保護自己，話題一涉及個人就有意轉移。不再參與他人之間的互相瞭解，辦公室成了絕對的「辦公」場所。周圍的人也有相處得不錯的，但是他不敢也不允許自己把私人感情加到對方身上去。也許可能會從同事發展到朋友，但那一定是已經不在同一個公司的人了。

古人流傳下來一句話「在家靠父母，出門靠朋友。」朋友間稱兄道弟、推心置腹、惺惺相惜，一方面體現彼此的尊重和平等，一方面編制互助合作的紐帶。因此

交朋友是一件愉快的事情。但是如果把心裡的隱私告訴那些「大嘴巴」，則是錯誤的。

永遠都不要推心置腹地把你的隱私告訴「大嘴巴」們，否則這就好像在你身邊埋了一顆地雷，沒爆炸的時候風平浪靜，但假如有一天爆炸，你就澈底完蛋了。

微笑面對囉嗦

有些「大嘴巴」還有另外一個毛病，就是無論大小事都要不厭其煩、嘮嘮叨叨說個不停，這些人遇事沒主見，做不了決定。他們往往心態不穩定，碰到點事就慌成一團，還畏首畏尾、感情用事，在小處計較的地方特別多。

如果真有這麼一個嘮嘮叨叨的人在你身邊轉來轉去，那上班一定不得安寧。這些人其實不壞，除了有些嘮叨、有些小氣、有些瑣碎以外，還算不錯。但是，這些人真的很讓人受不了。我就曾經遇到過這麼一個人，其實這位大哥不過三十出頭，嘮叨起來卻活脫脫像即將知天命的家庭婦女，所以我們就稱他為「囉嗦大哥」。

「囉嗦大哥」畢業於國內知名大學，並且成功地被主管之女「相中」，很快就結了婚，一直隨岳父岳母生活，在家裡屬於絕對被管的地位，發表意見的機會極少，可

是一見到我們，話語就如滔滔江水連綿不絕。不管你跟誰說話，不管你們討論什麼話題，公事還是私事，他都一定要插嘴，哪怕與他毫不相干。短短的時間，我們已被迫熟悉了他們家光榮歷史、嫡系旁系三代內的親屬以及各種姻親的詳情，更瞭解了他從小到大的成長歷程，雖然我們不愛聽但總不能塞上耳朵。

本來我們辦公室氣氛融洽，工作閒聊兩不耽誤，愉快合作的同時，還不時有人妙語生花，工作得很開心。自從「囉嗦大哥」來了，慢慢的風氣大變，同事和朋友間竟然到了彼此不敢交談的地步。他話說得越多，別人就越沉默。

一天早晨「囉嗦大哥」語驚四座：「唉！最近我老婆對我很冷淡啊！」辦公室裡結婚的和未婚的全都愕然，不敢笑，也不知該如何做答，只好盡在不言中。「囉嗦大哥」卻不肯甘休，一邊嘮叨一邊上網，恰好公司網站無法登錄，他轉頭問我：「公司網站怎麼不能上了？」

我毫無思想準備，愣了一下才半開玩笑說：「這個？不是我做的啊！」

他卻是責備的口氣：「你看看，現在不能上了！」

一個網路工程師問我這樣的問題，我只怪自己運氣不好⋯「網路繁忙是常有的事情，可能一會兒就會正常吧。」

他看我肯回話，馬上嘮叨起來：「我跟你說，不是我小氣，昨天人事科那邊的小清碰到我，說跟我借一百塊，大家是同事，我當然不能不借了！不就一百塊嘛，給他也沒什麼，但既然他說借，那就是借了，早上我遇到他了，他好像忘了這事，你說我心裡會舒服嗎？」

連我都開始不舒服起來。腦袋裡開始嗡嗡作響，別的同事也開始行動，開喇叭，戴耳機的戴耳機。「我要開始聽音樂了。」我歉意地笑笑，把耳機塞緊些，並將聲音開到最大。如果我註定要被聲音謀殺，請用音樂殺死我吧！

午飯的時候，「囉嗦大哥」在飯桌上又把那一百塊的憤慨對大家重複了三次，以至於我們都只吃了平時的三分之一。下午部門例行會議，部門經理講話，會議室裡同事們全都靜靜的，不肯發言。部門經理平時一貫強調我們要尊重「囉嗦大哥」，不相信我們傾訴的苦處。這位大哥這次不負眾望，在會上嘮叨一百塊事件五次之多，最後不僅是各位同事面色蒼白，腦袋發脹，連部門經理也不說話了。兩手抱了腦袋沉默了一會兒後，終於開口說：「求求你，大哥，別再說了。」

我實在對這類人報以萬分的憐憫，但是也確實讓我頭疼。對這類人，情感上要理解，因為他們的心理較為脆弱，承受能力有限，要理解他們，不要妄加指責，而應冷靜對待。不要發怒，盡量以冷靜的微笑應對他，既表示尊重，又使其不知你底細，做

到少講或不講。

重要的是要讓他信服，當他嘮叨時，做出有力的回答，讓他心服口服，他便會言聽計從，不再發話了。對待這種人的壓軸辦法就是沉默。對他不理不睬，讓他自討沒趣，時間一長，他自然不會再黏你。

不要留下把柄

誰都知道「大嘴巴」實在讓人可恨，總想找各種方法，使自己免於受難。我認為應對那些「大嘴巴」的人可以採取旁證的方法。

曾經有某位大型集團的董事長，因為沒有子嗣可以繼承他的事業，所以到了晚年，他的疑心病極重，以為周圍的人都要害他。他的一位祕書利用了這一點，經常對這位老董事長進行「大嘴巴」，誣陷一位有望繼承集團產業的副董事，在這種情況下，要當事人自己去辯解，已無可能。這時，集團裡的一位顧問，和董事長進行了一次長談，指出那位副董事是無辜的，祕書的做法十分可怕，並舉出歷史上種種事例，希望董事長不要聽信讒言，才使董事長有所覺悟，祕書的讒言也被揭穿了。

如果沒有比較超脫的旁觀者勇敢地介入，「大嘴巴」們的讒言往往是很難被拆穿

的。當你被「大嘴巴」們陷害，而自己又無法把事實澄清時，你可以選擇這種利用第三者解決的方法。利用第三者客觀、中立的態度向上級說明事實的真相，可以輕而易舉地揭穿「大嘴巴」們的謊言。

在利用旁證應對「大嘴巴」的時候，身為當事人的你應當注意：

第一，盡早讓第三者說明事實真相，如果時機選擇得太晚，你的名譽、情緒、工作可能已受到了很大影響，那樣恐怕是來不及了。

第二，所選擇的第三者必須為人正直、勇敢，態度客觀、公正，具有較高的威信，這樣才能達到預期的效果。

「大嘴巴」們從來不敢光明正大地向上級提供某些所謂的「材料」或「報告」，他們進行「大嘴巴」時，總是在暗地裡偷偷摸摸地進行。而偷偷摸摸是這類人最基本的特徵，因為當他們偷偷摸摸地行事時，沒有人與他們進行對質，他們可以毫無顧忌地憑著三寸不爛之舌，隨便亂說。

針對這類人偷偷摸摸的特徵，你可以運用「當眾對質」的方法，把事情的原委公之於眾，而當面辯論，「大嘴巴」的內容成了公開材料，並且有事實與之對比，「大嘴巴」的影響便被大大限制了。

客觀真實的事實材料是回擊那些憑空捏造、捕風捉影的「大嘴巴」最有力的武

器。我們每個人在遇到麻煩的時候，只要能確實做到以事實為依據，尊重客觀存在的東西，而不為某些表面現象所迷惑，就能澈底揭穿「大嘴巴」的荒謬言辭，對問題做出較為公正的判斷和處理。

如果不深入進行細微的調查研究，不去掌握真實情況，對他人所講的一切，哪些是對的，哪些是錯的，哪些是不夠完善且存在紕漏的，甚至哪些是出於個人想法捕風捉影、加醋添油而故意編造的，就無法區分清楚。所以我們說，深入進行分析調查，既是客觀地判斷問題是非的需要，也是防範和反擊「大嘴巴」的要旨。

運用摸清底細的方法，可以使你更清楚地瞭解「大嘴巴」們的目的，同時還可以使你更充分地掌握大量確鑿的事實，這樣在最適宜的時機，你就可以對那些人進行強有力的反擊。

俗話說「身正不怕影子歪」，如果你在為人辦事時都做到實事求是、襟懷坦蕩、正直無私，即使有一些願意以「大嘴巴」來誣陷你的人，也難以抓住把柄，因此，你也就避免了禍患的發生。不給「大嘴巴」們留下把柄，是應對這類人的根本途徑，是防止「大嘴巴」們在他人面前攻擊陷害你的根本方法。要想讓眾人相信自己的清白，要想讓別人信賴、重用，你就必須做到襟懷坦蕩、正直無私，不留任何把柄給其他人。

勇敢面對，讓謠言不攻自破

針鋒相對也是應對「大嘴巴」們的一種有效方法，對他到處傳播的不真實情況進行大膽揭露和堅決批駁。

首先，我們要主動出擊，把所發生的事情原委詳細客觀地公布給大家，使大家對此都有一定瞭解。其次，與「大嘴巴」們進行公開論戰，把客觀事實與那些偷偷摸摸傳播的各種不實之詞都擺到桌面上來，幫助和引導人們把正確的客觀事實與資訊相互對比、推敲，進行參照。

做到以上兩點以後，那些「大嘴巴」向別人提供的「資料」，真假虛實自然會受到公眾的評判，「大嘴巴」們的險惡用心也就昭然若揭了，他們傳播的謊言也就自然而然地不攻自破。與「大嘴巴」們針鋒相對，可以有效地揭穿這類小人的真面目，同時也可以更堅定地證明自己的清白。

實際上，那些「大嘴巴」們由於其廣播的內容不符合實際，所以他們都很心虛，當你理直氣壯地與他對質時，他自知理虧，是絕對不敢與你對簿公堂的，即使敢，他們也站不住腳。因此，當你受到「大嘴巴」們的陷害時，你完全不用怕，更不要迴避或默默忍受，而應當站出來和他們一起把事情弄清楚。

遠離評論就是遠離紛爭

有些人喜歡評論別人，另外還有一些人，雖然自己不會開口評論別人，但卻沒有自己的判斷力，別人說什麼就跟著附和，甚至跟著添油加醋。在我們身邊周圍，這種損人不利己的「大嘴巴」也不乏見。

你可千萬不要在別人交頭接耳議論紛紛的時候，也興致勃勃地加入進來。千萬別忽視了三姑六婆的傳聞，這可能是掀起大風波的起源。這些喜歡聚集在一起交頭接耳說長論短的人，通常在開始的時候都是不經意地隨口說話，然後整件事在傳述的過程中就好像發酵了一樣愈來愈膨脹，最後演變成了不可收拾的局面。尤其是某些人本來就是善妒的，你一不小心觸動了他的嫉妒心，就很難預料他將會怎麼報復你。

所以，當你和人交往的時候，千萬要注意別招惹這種人。但如果因此將其列上拒絕往來的黑名單，不但會使生活乏味而單調，你的交際範圍也會受到限制。

與「隨便」的人保持距離

性情開朗是一件好事。和性情開朗的人交朋友，實在是人生的一大快事，但是

態度過於隨便的人恐怕難以獲得別人的尊敬，而且這種性情的人還會給自己的生活增加一些麻煩，比如，這種人因為性格原因，往往口無遮欄，他們由於說話不注意分寸常常會惹長輩生氣；不顧場合地開玩笑，無意間會傷害朋友。另外，對待身分和地位比他高的人採取這種毫無顧忌的態度，則會使對方覺得他沒有涵養，不值得重用；對待身分和地位比他低的人時態度過於隨便，也容易使對方誤解。開玩笑的情形也是如此，如果凡事都喜歡開玩笑，即使在講正經話的時候，也很難叫人相信。

個性開朗的人雖然比較好相處，但要受人尊敬，就應該注意管好自己的嘴。以我們自己的生活體驗，在一些娛樂性的場合，我們經常會想起這類人的加入。人們之所以樂意在這些場合找他，主要是為了娛樂的需要，但是，如果人們只是在這種時候才想到他，這並不是一件什麼好事。至少一個只有在「消遣」這方面有優勢的人，是不會被他人委以重任的，因此也不會受到人們發自內心的尊敬。

如果一個人僅以單方面的特長去獲得別人的友誼，這樣的人其實沒有什麼價值可言。由於他不具備其他特長，或者不懂得如何發揮其他方面的優點，他也就很難受到他人的尊敬。記住一個重要的處世原則就是，不論在任何時刻、任何境地，都要與保持穩重的生活方式和處世態度的人交朋友。

那麼，到底怎樣才是具有穩重的態度呢？所謂具有穩重的態度，就是在待人接物

中要保持一定的「威嚴」。當然，這種帶有一定威嚴的態度與那種驕傲自大的態度是完全不同的，甚至可以說是與之完全相反。這種反差就如同魯莽並不是勇敢的表現，亂開玩笑並不等於機智一樣。我們這樣說，並無意去貶低那些驕傲自大的人，但是傲慢、自負的人確實很容易惹人生氣，甚至讓人嘲笑或輕蔑。

一個具有穩重態度的人，是絕對不會隨便拍馬屁的；他也不會八面玲瓏，四處去討好他人；更不會任意滋事造謠，背後批評別人。具有這種態度的人，不僅會將自己的意見謹慎清楚地表達出來，而且還能平心靜氣地傾聽和接受別人的意見。如此待人處世的態度，可以說具有穩重的威嚴感。

這種穩重的威嚴感也可以從外在表現出來，即只在表情或動作上表現出鄭重其事的態度，當然如果你能在此基礎上再加上生動的機智或高尚的氣質這種內在的東西，就更能增加你的尊嚴感。相反的，如果一個人凡事都採取一種嘻嘻哈哈，對任何事都無所謂的態度，在體態上總是搖搖晃晃，顯得極不穩重，就會讓人覺得這個人十分輕浮。如果一個人的外表看上去非常威嚴，但在實際行動上卻草率至極，做事極不負責任，這樣的人也仍然稱不上是一個具有穩重威嚴感的人。

因此，在交友的過程中，就一定要注意盡量多和那些具有威嚴感的人相處，遠離那些態度隨便的人。

讓誹謗者後悔

我們身邊周圍，總會有一些人精通於「說故事」，到處走漏風聲，甚至還會惡意中傷，搞不好他還會在別人面前說你的壞話，那麼你該怎麼辦呢？我想通過下面這個故事，你會得到很多東西。

格蘭特兄弟發財後，並沒有忘記那些仍受貧窮折磨的人，他們兩人樂善好施，將辛勤勞動、艱苦創業得來的巨大財富慷慨地捐給公益事業，比如建教堂、辦學校、不斷提高工人的福利待遇等等。格蘭特兄弟以他們的仁慈和善行贏來了人們的尊敬和愛戴。他的工廠為許多無家可歸和謀生無路的人提供了就業機會，他們的善舉給當地的人們作出了表率，這個地方到處充滿了活力、歡樂和繁榮富裕的景象。

然而對於格蘭特兄弟無可挑剔的品格，卻有人出版小冊子詆毀他們。他給威廉起了個「比利鈕釦」的外號，當威廉聞聽此事後，只是淡然一笑，說這個人會後悔的。

威廉的話很快傳到那位誹謗者的耳朵裡，誹謗者說：「哈，這個威廉在警告我，早晚有一天會落到他手裡，怎麼會呢？他太自以為是了，走著瞧吧，他才會後悔呢！」

然而不幸的是，這位誹謗者說過這番話不久，竟然破產了，這真是天意。如果他得不到格蘭特兄弟簽名的執照，他只能關門歇業。他真的落到格蘭特兄弟的手裡了。

他真的後悔了。雖然他自感求助於格蘭特兄弟的希望渺茫，但他迫於生存的壓力，還是厚著臉皮、硬著頭皮去了。他站在被他稱為「比利鈕釦」的威廉面前，滿臉羞慚地講了自己的情況。格蘭特首先發問：「你從前是不是出過一本誹謗我們的小冊子？」

誹謗者面紅耳赤，惶恐不安地點頭承認了自己的過錯。他以為格蘭特會把他的申請書撕掉，不會在他的執照上簽名，但是，格蘭特卻對他寬容一笑，在上面簽了名，並對他說：「我們有個規定，不能拒簽一個誠實商人的執照，而你也的確沒有做過什麼壞事。」

誹謗者的眼睛裡含滿了悔恨的淚水。格蘭特繼續對他說：「記得威廉說過你會後悔的，他的意思是說早晚有一天你會瞭解我們，並會為自己的行為感到後悔。」

誹謗者淚流滿面：「是的，我已經後悔了。」

「好了，事情已經過去了，不要再提起它了，還是談談你的生意吧，你準備怎麼辦？」

這個可憐的人毫無自信地回答說，拿到執照後，他的朋友們會出手幫助他的。

「但你如何履行合約呢？」

這個可憐的人被問倒了，他已身無分文，全部財產都給了債權人，唯一的出路是四處去借貸。

「朋友，這樣可不行，不能讓你的妻子和孩子們跟著你受罪，這樣吧，我這裡有一張十萬歐元的支票，你先拿去，振作起來，從頭再來，一切都會好起來的，我相信你會成為最出色最優秀的商人。」

這個被感動得說不出一句感激話的破產商人，像個孩子一樣，兩手蒙面，嚶嚶哭泣著，走出了格蘭特兄弟的公司。

許多年過去了，格蘭特兄弟胸懷寬容的精神依然令後人感動，他們的仁慈和善行一直被人們廣為傳頌。據說大作家狄更斯被他們的事蹟深深打動，在描寫查雷伯兄弟時，就是以格蘭特兄弟為原型的。

正直、仁慈和寬容，是一個成功者必備的品質。具有這種品質的人，一旦與堅強的毅力融為一體，那麼他就具有勢不可當、驚天動地的力量，無論任何邪惡、各種艱難困苦和不幸，他都有能力抵制、忍受，並能夠取得最後的成功，至於那些「大嘴巴」，相形之下實在是太渺小了，根本對這些人構不成任何威脅。

第 5 章
最和善的偽裝

笑裡藏刀的笑臉人

表面上笑臉相迎，和藹可親，但背地裡常常藏著一把
刀，讓人被他表面的笑容迷惑，但是在這笑容的背後，
常常就是無法預料的陷阱。

笑臉的背後

一九六九年，日本決定發展摩托車，經過反覆討論還沒有定下最佳方案，他們決定出去搜集有關技術情報。就這樣，日本一千兩百餘名具經驗的工程技術人員出發了。

「日本要發展摩托車，有可能請你設計，也可能向貴廠訂購產品。不過，請先介紹一下貴廠摩托車的優點，並讓我把樣品帶回去好讓我說服我的上司。」這些日本人每到一個工廠就這樣詢問、懇求廠主。在日本人誠懇、友善的態度下，這些廠商十分高興，毫無保留地把最先進的技術告訴了他們，有的還把日本人帶到廠房、實驗室參觀。

短短一年內，一千二百餘名日本人走訪了全球八十多個工廠，並帶回了一百多輛各類先進的摩托車。日本人將這些技術、樣品和資料進行研究，集中個別優點，重新設計，並建立了自己的工廠。

兩年後，一種輕便、省油、耐用、便宜的摩托車問世了。這時，被日本人「訪問」的廠商才猛然醒悟。

看了這個故事，掌握了識破「笑臉人」進行商業間諜活動的招術：走訪、聘請、

訂購，即明修棧道，暗度陳倉。此招是誘導別人按正常的商業活動原則來判斷對手的行動意圖，以達到不可告人的目的。需要注意的是：竊取技術的人往往製造一種友好的氣氛來分散我們的注意力。與以「做一筆大生意」為誘餌相比，「笑臉」不過是小巫見大巫罷了。

前蘇聯人常常要求美國公司提供技術方面的詳盡資料，讓前蘇聯「專家」進行「考察」，理由是他們需要瞭解美國公司的技術是否先進，然後才能談生意。可是，一旦他們取得足夠的技術資料，就隨便找個藉口使交易告吹，或頂多只做一筆小買賣敷衍了事。有些美國公司為了在前蘇聯市場上得到一個立足點，就不計後果地滿足前蘇聯方面的要求，結果白白向前蘇聯提供寶貴的技術資料，生意卻是一場空。真可謂「賠了夫人又折兵」。

一九七三年，前蘇聯曾在美國放風聲，打算挑選美國的一家飛機製造公司，為前蘇聯建造一個世界上最大的噴射式客機製造廠，該廠建成後將年產一百架巨型客機。如果美國公司的條件不合適，前蘇聯就和前西德或英國的公司去做這筆價值三億美元的生意。

美國三大飛機製造商波音飛機公司、洛克希德飛機公司和麥道飛機公司聞訊後，都想搶到這筆「大生意」。它們背著當局，分別和前蘇聯方面進行私下接觸。前蘇聯

方面在這三家公司之間周旋，讓它們互相競爭，以更多地滿足己方的條件。

波音飛機公司為了第一個搶到生意，首先同意前蘇聯方面的要求：讓二十名專家到飛機製造廠參觀、考察。這些前蘇聯專家在波音公司被敬若上賓，他們不僅仔細參觀飛機裝配線，而且還到機密的實驗室裡「認真考察」。他們先後拍了成千上萬張照片，得到了大量的資料，最後還帶走了波音公司製造巨型客機的詳細計畫。波音公司熱情送走這些專家後，滿心歡喜地等待他們回來談生意、簽合約。豈料這些人一去不回頭。不久，美國人發現前蘇聯利用波音公司提供的技術資料設計製造了伊留申噴射式客機。這種飛機的引擎是英國的勞斯萊斯噴射式引擎的仿製品。

使美國人感到納悶的是，波音公司在向前蘇聯方面提供資料時留了一手，沒有洩露有關製造飛機的合金材料的祕密，那前蘇聯是怎麼生產出這種寬機身飛機的合金材料呢？波音公司的技術人員一再回憶、苦思冥想才想起蘇聯專家來考察時穿的一種鞋似乎有些異樣。毛病果然就是出在這種鞋上。

原來，前蘇聯專家穿的是一種特殊的皮鞋，鞋底能吸住從飛機部件上切削下來的金屬屑。他們把金屬屑帶回去分析，得到了製造合金的祕密。

古語：「欲要取之，必先予之。」先給你好處的人，往往會從你那裡拿走更多。

還有句俗話：「伸手不打笑臉人。」誰能想到在這笑臉的背後，還有更大的陰謀。

小心受騙

要防範「笑臉人」下屬，古代聖賢有理論，更有其實踐經驗，為我們提供了寶貴且便於操作的方法。這些方法體現社會的複雜和人生的智慧。有道是「魔高一尺，道高一丈。」「笑臉人」下屬再聰明、再狡猾，總有讓人可辨之跡，有可防之術。

西漢御史大夫張湯為人狡黠多詐，濫施刑罰，辦事專門迎合皇帝的心意；對於皇帝不喜歡的人，就妄加誣衊，任意誹謗；對於皇帝喜歡的人，就胡亂吹捧，極力美化。他利用自己御史大夫的職權，經常隨意羅織罪名，彈劾大臣，殘害同袍。張湯對他的副手御史中丞李文大夫懷有宿怨。張湯最寵信的小吏魯謁居，為了替主子剷除政敵，邀功獻媚，就悄悄地派人上書皇帝，用羅織來的罪名檢舉李文。於是，皇帝命令張湯來審理這個案件。張湯借機濫引法律條文，施以酷刑，終於誅殺了宿敵李文。後來皇帝偶爾問起案發原因，張湯假裝自己不知情，故作吃驚地說：「可能是李文的仇家幹的。」

其實，張湯做賊心虛。退出之後，急忙趕往魯謁居家密商對策。此時，正趕上魯謁居臥病在床。當張湯看到魯謁居紅腫的雙腳時，就親自給他按摩雙腳。這事正好被趙王劉彭祖看見了，心想，從沒聽說過一個主管長官竟然如此服侍一個小吏，判斷其

中必有隱情；加上劉彭祖素來不滿張湯的殘暴，於是，向皇帝告發說：「張湯身為國家重臣，竟然給一個卑賤的小吏按摩雙腳，我認為其中有不可告人的勾當。」皇帝將此事交給刑部調查。調查期間，魯謁居正好病死，事情牽連到他的弟弟身上，因而被囚禁了起來。一天，張湯恰好去監牢裡提審犯人，看見了魯謁居的弟弟。張湯本打算暗中營救，所以表面上假裝不認識。可是張湯的舉動反倒讓魯謁居的弟弟誤解了張湯的意思，心中既害怕又憤怒。於是，一不做二不休，叫他的家人上書皇帝，揭發了張湯與他哥哥魯謁居共謀陷害李文的經過。皇帝得到舉報，命令立案審理。

這是見於《資治通鑑》的一幕官場上權力鬥爭的鬧劇。這裡引述意在說明趙王劉彭祖能夠見微知著，透過現象看本質，從張湯為小吏「按摩腳」一事，洞察其中的陰謀。這的確是一種較為高深的識別「笑臉人」之謀略。

「笑臉人」善於察言觀色，臉皮很厚，把自己當成商品，謀求在「人才市場」上討個好價錢。這種人即使在工作上也會討價還價，以使該公司的上級給他們晉升或增加工資的機會。或者他們在工作上不安分，但卻熱衷於往上司那兒跑，為的是和上司套關係，不是憑工作成績得到上司的重用和提拔，是想通過和上司的私人關係來得到好處。

「笑臉人」一般嘴甜、心細、臉皮厚，他即使是做錯了事，也往往會把責任轉嫁

和推卸到其他人身上，而一旦有了功勞，他又會極力地吹噓自己的貢獻和成績，生怕上司不知道。還有，上司在場和不在場，他們表現完全不一樣，上司在的時候，他肯定是最勤勞的一個，連臉上的汗水他也不會去擦，就是想給上司一個好印象；上司一旦離開，保證他就在一旁休息了。

主管光憑自己的眼睛是很難發現的，因為這些人很會偽裝自己，只有多聽取其他人的反映，才能揭開這種人的真實面目。

對於這種人，距離無疑是不能太近的，他如果在哪個部門任職，哪個部門就會被他搞得亂糟糟。因此，主管一旦發現下屬的某一位「笑臉人」，要毫不客氣地把他撤換掉。哪怕他只是一個普通的員工，都要提防，免得受他的騙。

競爭中的真誠不值錢

競爭，有時就是戴著美麗面具的醜惡怪物，我們往往在情感與理智之中迷惘，在你死我活的較量中使一些人際關係變得不可收拾。於是，競爭使社會關係的天秤多了一個砝碼。這個砝碼將構成怎樣的傾斜，你一定要做到心中有數才行。

阿明和阿強是好朋友，也是相處不錯的同事。他們公司的新經理制訂了一個獎

勵措施，業績最多者可獲得特別獎金，金額頗為可觀。阿明非常希望獲得這筆錢，因為他的孩子上私立大學急需要一筆錢；阿強也想要這筆錢，因為他太太整天向他抱怨誰家又買了輛車，誰的老公又升遷……，阿強極希望借著新經理的改革措施，讓自己在太太面前揚眉吐氣。阿明不相信同事之間會失去真誠和友誼，他認為幾年來他倆已相處得不錯。忽然間，阿明發現自己的一些客戶都支支吾吾、言而無信了。他不明白為什麼。有人告訴他，他的客戶聽說他是品行惡劣的人，喜歡擅自將商品摻假，自己從中獲取非法利益……，總之關於他的謠傳很多。年底的時候，阿強獲得了特別獎。阿明從阿強的業績單上頓悟了過來。他的嘴裡不斷地喃喃自語：怎麼會這樣？

怎麼會這樣？

阿明的失誤在於他沒有認清這種對立矛盾的現狀，反而盲目地信任那些表面上對你十分真誠的「笑臉人」。在沒有競爭的日子，也許的確能做到大家彼此相悅，其樂融融，一旦進入職場競爭，角色就變成了有「對立矛盾」的人。在競爭中，除非一方自願放棄，否則，必然有刀光劍影的閃爍、明槍暗箭的中傷，令人防不勝防、難以迴避。當你棋逢對手時，你的情感、理智、道德、功利都將受到最大的考驗。當你想獲得成功的時候，是否不遵守道德準則；當你坦誠地面對競爭者，對方是否正在利用你

的善良和誠意進行攻擊⋯⋯。

「兵不厭詐」，早已成為制勝的「公理」了，競爭中的虛偽也就變得「在所難免」了。據說，希特勒在一九三五年成為「德國領袖與總理」之後，變得獨裁、專橫，與元帥布隆貝格產生了深刻的矛盾。當時擔任戰爭部長兼武裝力量總司令的布隆貝格是一位敢於向希特勒提出不同意見的人。一九三六年三月，當希特勒命令國防軍進駐萊茵非軍事區的時候，布隆貝格提出了自己的意見，他認為法國可能會因此向德國開戰，建議希特勒立即停止在萊茵地區的行動，並將已派出的部隊撤回原駐地。一九三七年，當希特勒宣布要侵占奧地利與捷克斯洛伐克的計畫後，布隆貝格又提出了反對意見，認為這樣做會引起英法的干涉。希特勒對布隆貝格的反對意見極為震怒，他強壓怒火，平息爭論，但已下定決心，要除掉這個討厭的部長。

希特勒的親信戈林當時是布隆貝格的下屬。他表面上極力討好這位武裝力量總司令，暗中卻與希特勒配合，準備讓他自己走入陷阱。布隆貝格當時已經步入中年，但一直過著單身生活，從未結婚。戈林得知他與一位出身低下的婦女關係較密切，來往較多，就極力促成他們的婚姻。布隆貝格也清楚地知道，當時第三帝國對高階軍官的擇偶有嚴格的規定，出身低下的人不宜做軍官的配偶。戈林巧舌如簧，規勸布隆貝格元帥在婚姻問題上不應受任何規定的限制。在戈林反覆勸說下，布隆貝格決定結婚。

一九三八年元月十二日，布隆貝格舉行了婚禮，希特勒和戈林都是證婚人，但結婚幾天之後，戈林就開始在軍官中散布，說布隆貝格太太的出身太差，做一名軍官和戰爭部長的配偶很不合適。消息傳開，一時間弄得滿城風雨。這時希特勒開始向布隆貝格施加壓力，他說既然選擇了這種配偶，便不足以為部下的表率，希望他能妥善處理這件事。布隆貝格別無選擇，只有辭職一條路可走。希特勒略施小計，再加上戈林諂媚行事，便除掉了一名敢於與自己意見相左的高階軍官。希特勒、戈林這兩個證婚人，背後捅刀當面樂，可見「笑臉人」的虛偽性。

辦公室裡的榮譽戰爭

　　當我們成為上班族的一員後，要經歷幾十年的職場生涯，在這漫長的時間裡，往往會因為各種原因，與別人產生各種各樣的摩擦。

　　同事之間最容易產生的矛盾還是工作上的嫉妒和競爭。

　　《芝加哥日報》的創辦人勞生有一件為人津津樂道的軼事。當時縱情飲酒在新聞界可說是極普遍的風氣，但勞生是一位極端的禁酒者，無論什麼好酒，他都滴酒不沾。勞生有一個助理是公司的重要職員，他因病請假已經六個月了，在他回公司上班

的那一天，便發現許多中傷他的流言蜚語散播在整個辦公室中，其中最具殺傷力的就是傳言說他是一個酒鬼，得的病就是因為沉湎於酒色的關係。

他自己也明瞭許多流言是一個想謀奪他職位的人所散布的。這對於一個大病初愈的人來說，是一個多麼冷酷的打擊。他的確喝酒，但事實卻並非像謠言說的那樣嚴重。他覺得應該讓勞生知道真實情況。星期日，他就請勞生到家裡。

他想把這些流言重複給勞生聽，並向他解釋自己雖然飲酒，卻從來不為酒所困。哪知勞生卻不停地申訴著，但因勞生一言不發，最後還以為勞生再也不相信他了。他在這時說道：「你要告訴我的話都說完了嗎？你的困擾我都知道了！」接著轉向侍者說，「來一瓶香檳和兩個酒杯。」

斟滿酒後，勞生舉起杯子說：「祝你健康！」但是，像勞生這樣的主管畢竟少。

元朝的一位大奸臣哈麻，為人原則是，只要是對自己有利的事情就做。他曾巴結過丞相脫脫，像對待自己父親一樣尊敬脫脫，脫脫受其尊敬也很信任他，但脫脫也信任別人，甚至信任別人要超過哈麻。比如脫脫對汝中柏就更加信任，而汝中柏和哈麻都設計陷害脫脫，直到陰謀得逞，讓皇帝降罪於脫脫，哈麻還親自到脫脫那裡宣旨說：「天子詔我，而我不從，是與天子對抗。那樣做，違反君臣大義，我堅決不幹。」於是，當場開讀詔書，脫脫交出兵權，踏上了貶往淮安的道路。

大軍聽說脫脫被貶，頓時大亂，百萬兵馬，一時四散。眼看就要成為俘虜的張士誠，乘機出兵，大敗元軍，不但解除了即將滅亡的危機，還壯大了自己的勢力。元軍束手無策，只好等待滅亡了。

哈麻雖然貶黜了脫脫，但害怕他東山再起，成為元朝國家滅亡的重大罪人之一。

於是順帝再次下詔，又唆使禦史臺官員上書說：「對脫脫的懲罰太輕，應該加重處罰。」將脫脫流放於雲南大理，把也先貼木兒流放於四川碉門，又將脫脫長子哈剌章貶往肅州（今甘肅酒泉），次子三寶奴貶往蘭州（今甘肅蘭州）。將脫脫家產全部沒收充公，將也先貼木兒家產賜給哈麻。

如此重罰，哈麻還不放心，又假傳皇帝詔旨，派人毒殺了脫脫。脫脫是元末最有能力的政治家，在國家危難關頭，死於哈麻這個「笑臉人」之手，對於元廷來說，是一個極其重大的損失。後來，隨著形勢發展，元廷日益走向滅亡，許多小臣僚更加懷念脫脫。至正二十二年，監察禦史張沖等上書請求為脫脫平反昭雪，順帝也意識到貶黜脫脫是一大錯誤，於是重新恢復脫脫官爵，召回脫脫的兒子哈剌章和三寶奴等。後來又有人建議脫脫加封一字王爵，擬定諡號和加封功臣之號等，順帝皆一一應允，但未等實行，元朝就滅亡了。

從人們崇敬脫脫和痛恨哈麻的史實中，可以清楚地看出哈麻謀害同僚的醜惡嘴臉。

突然對你很好的上司

和上司交朋友，一定要慎而又慎，尤其是那些很精明的「笑臉人」上司。

一般來講，精明的「笑臉人」上司都要讓你提心吊膽，因為他們往往是一些天生的心理學家，他們常常利用別人的心理錯覺，玩弄手腕達到自己的目的。所以，作為下屬的你要時刻提防他的「小人之術」。那麼，他會使用什麼手段來施行他的「小人之術」呢？

許多經驗說明，下屬一旦被上司作為協商的對象，就會對上司萌發感激之情，於是，事後就不得不對自己當時的話負責。「有點事想和你商量⋯⋯」上司這樣一說，對此感覺厭惡的下屬大概是沒有的。下屬一旦被上司挑起自身的某種責任感，就一定不會覺得危險，對上司也就喪失了防範之心。下屬面對與自己同等級或是比自己差的人，別人越是表現拙劣，自己就越會建立起心理上的自尊，產生了幾乎感到不好意思的優越感。

人，在競爭中必然有衝突和矛盾。同事之間，有時會有利益之爭、榮譽之爭、權勢之爭。在這些得失的計較中，常常就大打出手，難以和平共處。一旦陷入這種紛爭中，你要學會保護自己，不要中了「笑臉人」的毒計。

精明的「笑臉人」上司正是利用下屬的這種心態，拿出一些有問題的事情來找你商量，然後說你的意見正合他意，並且連連向你道謝。殊不知，此處卻有一個大陷阱在等著你。如果事情真按你的意見去做，而發生了無可挽回的錯誤時，就該你倒楣了。

「事先不知道會鬧出這樣大的事。」上司以這樣一句作結，那麼你應該相當感恩了；如果他再來一句：「我太信任×××了」，咬定完全是依你的意見行事的話，恐怕你得負最主要的責任！所以說，如果上司一找你商量事情，你就得意洋洋的話，說不定什麼時候就會被扯進麻煩裡。

這個原理，還經常被「笑臉人」上司運用在會議上。為了在重要會議上達到有利於自己的目的，這些上司以籠絡出席者的手段說：「敬請多多批評指教。」同時直率地向對方提出自己想要通過的議案，裝作接受指導的樣子：「請多指教。」一聽到這句話，下屬心裡就會產生一種優越感，而容易被「笑臉人」上司所利用。

精明的「笑臉人」上司有時還會利用你的虛榮心，採用使雙方立場倒置的言辭對你進行誘導，從而達到他們自己的目的。

人天生有一種抗拒心理，特別是對上司不合理或有不可告人目的之命令，都是不願意服從的。然而，同樣是上司的命令，如果用「拜託」這句話來扭轉彼此的身分，

即使對自己不利，人的反抗心理也會稍微減少，常常不會感覺出這是命令。

在平時，一般上司給下屬的命令都比較嚴肅，語言也運用「職務語言」，如「我現在把每個人的工作任務安排一下，……大家各就各位，開始工作。」而精明的「笑臉人」上司為了掩飾自己不可告人的目的，他可能會故意走到下屬的桌旁客氣地對你說：「有一件事想拜託你……」本來應該用命令的語氣，上司卻對下屬的桌旁客氣地稱呼下屬「拜託」，由於措辭使立場（身分）逆轉過來，如此一來，下屬的虛榮心膨脹，驕傲起來，很容易按上司的意圖去行動。有時候，上司還會用很親和的字眼來稱呼下屬，這時，雙方之間的情勢也會扭轉過來，使下屬抱有優越感，對上司也會變得信賴、順從，對其命令也容易失去戒備心。

能夠跟上司這麼親近地打交道，在下屬看來是一件很榮耀的事。精明的「笑臉人」上司有時故意做出某個舉動，說些好聽的話，把自己降到平等的地位，甚至通過語言的印象，使下屬格外受到尊重，這是借著立場的逆轉，挑起對方的虛榮心。

對此，下屬要有清醒的認識，不能沉溺於上司的奉承之中。一旦出現這種情況，你就要提高警覺：是否又有難辦的事要交給你去做了。最好的辦法是，當上司突然與你拉近關係、套交情時，你千萬不要輕易答應上司，要先發制人改變話題。比如，當上司說：「我有件事想拜託你幫忙辦一下。」你可以說：「哎呀！這恐怕不好，您上

次吩咐的事，我正好處理了一半，一旦中斷，恐怕得從頭開始了。」這時，你可以與他談你正在辦的事情，把他的注意力吸引到別件事上。

如果上司與你套交情，你也別樂昏了頭，你可以在對方問題還沒有提出之前，先提出你的問題，讓他圍繞你的問題思考。總之，一旦上司莫名其妙地與你親熱起來，就要提高警覺，前後思量，注意防範。

來自笑臉的陰謀

「笑臉人」上司總是口是心非、鬼鬼祟祟，表面上他和你稱兄道弟，但你卻從知情者那裡得知，明年的預算根本不包括你負責的計畫；或者他騙取你對他的信任，然後斷章取義，利用從你那裡得到的資訊情報攻擊、算計你。

「笑臉人」上司很會為自己的失信開脫。例如：「不錯，當時我的確答應要升他，但那也是沒法子的事，只有靠他那層關係才能把項目做成。我不答應升他，他怎麼會這麼賣命。但他心裡應該清楚，這個職位不適合他，他不是當經理的料。不過，我也會適當補償他的，多給他發點獎金不就好了。」

對於「笑臉人」上司，你要防備他的刺探。例如，一天你因公事與上司一起出

差，對方突然問你：「你跟同事間似乎有很大的問題存在，你如何面對呢？」天地良心，你一直覺得與同事相處得十分融洽，公事上大家都很合作，私人間也是客客氣氣的，何來問題呢？所以，面對上司的提問，你必須表現得落落大方，微笑一下，反問上司「你看到了什麼？」或者，「你聽到了什麼？」對方必然是無言以對，你可以繼續說下去：「我們一直相處得很好，我沒有察覺到有什麼問題，也沒有發生過不愉快事件！」若對方是有心挑撥，或試圖獲取情報，你的這番話就沒有讓他查到半點線索，還間接地拆穿了他。對方要是真的想透過某些蛛絲馬跡或小道消息希望明白一下而已，你的表現也就等於提醒他太過敏感了。

不過，很多事情並不如表面那樣簡單，背後可能有不可告人的目的，必須提防陷阱，小心被上司暗算。當有一天，上司突然提出一項提議，譬如調派你到另一部門工作，或把你派駐海外分公司。千萬別太高興，因為這很可能是一種陰謀、一個託詞，最終目的是要消減下屬的權力或影響力。不少下屬不疑有詐，欣然接受，到後來知悉事情真相時已經太遲。

這種手段實際上是一種明升暗貶的方法，目的是要令你在新職位上無所作為而自行辭職。公司內有著一些看似很悠閒、很輕鬆的職位，如果你在你的職位上做得不錯，上司突然派你接管這種職務，千萬不要以為是在關照你，這不過是「冷凍」你的

手段。若你一時不慎接受公司的提議，便好比一名沉船上的水手，只好任人擺布。

明白了「笑臉人」上司的特點，那麼怎樣才能和這種上司相處呢？這邊給你幾條建議：

1. **不要輕易地相信甜言蜜語**：你的目標是要從他那裡得到直截了當的答覆，以此瞭解自己所處的地位，做出相應的計畫。

2. **找出原因**：在認為上司來刁難你之前，首先需要找出他這樣做的原因。

3. **保持警戒心**：上司一旦突然地、毫無原由地對你許下什麼美麗動人的諾言，你千萬要保持一份警戒心，不要他說什麼就信什麼，好好思考一下。

4. **伺機而動**：在他的話未被證實或當著眾人的面宣布之前，你聽聽就好，先按兵不動、靜心觀察、認真分析，然後再做出反應。

5. **開誠布公**：如果上司委託你辦一件事，並答應做妥之後提升你，那麼在完成他的委託任務之後，要盡快把這件事公開，讓其他人都知道，這樣他就很難反悔了。應對這種上司時，要做到「有理、有利、有節」，本著以「和」為貴的原則和他們共處。

第 6 章
總是在許願

畫大餅的吹牛大王

能把死的說成活的，把牛皮吹得天花亂墜，讓你覺得
他無所不能。空許願，又讓你白歡喜一場，這種人往
往是成事不足，敗事有餘。

越吹越大的牛皮

吹牛，在人們的生活中是司空見慣的事，但有時候，吹牛是一種精神人格異常的表現。在精神病學中有一種「誇大妄想」，其表現之一就是吹牛。有這種妄想症的人在與他人交談時會說得天花亂墜，內容往往脫離客觀現實，甚至是「天方夜譚」。他們常把自己描繪成才能驚人、權力無限、財富巨大、無所不能的奇人，並且誇大妄想所談的內容還會隨時間和環境的變化而變化。

誇大妄想的初期，患者吹牛的內容破綻不一定明顯，有些聽者甚至會信以為真，在不知不覺中成為這些人的追隨者，有時甚至會上當受騙。隨著病情的發展，患者的病態思維就會變得毫無邏輯，內容也隨之破綻百出，這時候和他們交談，就會很容易判斷出這種吹牛行為是一種病態。

其實，很多時候，吹牛也許並沒有這麼嚴重，只不過在人與人交往時總想讓對方對自己印象好一點，讓別人覺得自己看起來比真實的自己更偉大些，這倒是一種正常的心態，無可厚非。所以，每個人在與他人談話時，多少都會有一些吹噓或說謊的成分，都會對自己有點膨脹和誇大，但這是有一定限度的。有些人故意說些誇大其辭的內容，只是當笑話說，讓談話的人都開心一點，活躍氣氛罷了，這種幽默的方式倒是

滿受人喜歡的。

提供有趣可笑的話題來活躍氣氛還算是讓人接受的。但是，一本正經大言不慚地吹噓自己，並且謊話連篇地吹牛皮，就分明是虛榮心作怪，自我表現欲過強。這種人其實是很差勁的，為了掩飾和彌補自己的缺點和不足才拼命大吹牛皮。

有些人吹起牛皮來真是一點都不臉紅，如入無人之境，非常熟練，一點都看不出他們是在說謊。他們會吹噓自己多麼見多識廣，走過世界上多少國家，或者自己認識多少各界名人，有什麼事儘管找他幫忙，再或者自己家屬如何有錢有勢，自己工作如何輕鬆又賺大錢等等。在他們看來，「假作真時真亦假」，謊言講得多了也就變成真的了，所以他們會不停地吹牛皮、不停地說謊，幾乎連他自己都認為自己的謊言是真的，完全忘了自己是誰。

故意說大話、謊話欺騙女性感情，博取女性好感的男人，自然是女性要當心的人。他們是純粹有預謀的撒謊吹噓，圖謀得到女性的真情和信任，進而達到他的某種目的。

不過大多數平常喜歡吹噓的「吹牛大王」，很多只是性格上就愛吹牛，倒不是故意要欺騙別人，他們在任何人面前都是大話連篇，謊言不斷。也就是說，與故意用大話欺騙別人的陰險之人相比，他們只是為了得到對方的好感，而不管對方是誰，在下意識裡多半沒有想騙人的意思。

愛吹牛的人

雖然有輕重的差別，但是很多人都具備「吹牛」的要素。其中的佼佼者，莫過於「吹牛男爵」的冒險故事。

「我在海裡游泳。突然間，有一條巨大的魚把我吞下肚裡。……他的胃袋又寬敞又黑暗。」「我就在他的肚子裡跳踢踏舞。如此一來，魚驚駭異常。他向我投降，於是才把我吐了出來……」

此人心平氣和地說出「牛皮之語」。聽了他這一句話，就是孩童也知道他是騙人的。不過，像這個男爵一般的人，仍然大有人在。從美國回來的政治家，在機場被一群記者包圍時，擺出架子說：「真想不到，我隨便吹噓幾句，國務卿就嚇住了。他很感動地要求跟我握手。」

這種本性就喜歡大言不慚吹牛皮、也吹慣了牛皮的人，事實上到頭來在現實生活中還是做不到他嘴裡所說的地步的。而且他們感情善變，喜好過虛榮奢華的生活，也常因太過吹噓而被聰明的人捉弄。他們在牛皮被揭破時，也會有歇斯底里的傾向。所以，要與這樣的「吹牛大王」交往的話，最終只是得到了一個吹破了的牛皮鼓。

為什麼有人那麼喜歡吹牛呢？難道笨得不知道聽到的人會「戳破」牛皮？事實並非如此，都是由於「自我表現欲」作祟，所以才喜歡吹牛。換句話說，在那一瞬間，想誇示自己的欲望，壓倒了「牛皮會被戳破」的判斷，使自己陷入麻痺狀態。吹牛皮的人，望著聽者感嘆的表情（事實上是愣住的表情），就會進入一種自我陶醉的境地。

根據我的分析，吹牛包含自我陶醉的說法，也許有一些人會感到莫名其妙。但是，一旦你明白吹牛時的心理狀態（具有爽快感，讓人感到激昂興奮）的話，你就會同意我的分析。除此之外，吹牛時，現實與幻想會混淆在一起，使當事人誤以為是真的，以致使他所說的話會增加幾分的逼真。只要洞察這兩點，你就會恍然大悟在這種場合，人的吹牛內容有兩大類，一種像上述吹牛男爵一般，目的無非是要給聽到的人「意外感」，並且也喜歡看到聽者睜大眼睛，說上幾句「哇！」「噢？」「真的假的！」等感嘆詞；從另一個方面來說，這些「吹牛大王」也是具有服務精神的人。同時，他也具有旺盛的「獲得注意欲」。

因為在沒有任何人要求的情況下，他可以對著一席的人，滔滔不絕地談論個沒完。同時，他也具有旺盛的「獲得注意欲」。

總而言之，他只是千方百計地得要周圍的人注意他罷了。例如在酒吧裡，他也可以在陌生人面前胡謅一陣子，那些人聽後會對他說：「這些都是你胡謅出來的，對不

對?」，他不但不生氣，反而會莞爾一笑。

遇到祝賀或者撫慰的場面，喜歡以德高望重賢達的身分，撿一些他人的牙慧，以三寸不爛之舌，說一些似曾聽過的大話之輩，也是屬於這一類的人。

在一般的情形上，「吹牛」可以說是沒有惡意，也是無傷大雅的謊言。不過除此之外，還有一種人，暗藏著自我宣傳之嫌的「吹牛」方式。這一件事，無非意圖「自我重新受到評價」，以便抬高自己的地位而已。

「的確，他並不是泛泛之輩，可說是相當了不起的人物。」這也就是他吹牛的真正心意。確實是膚淺之舉，足以令人萌生「可憐又可悲」的念頭。不過恰到好處的吹噓一下，也可以助長談話的興頭。當他逐漸得意忘形，感到前後語句不能連貫時，難免也會露出馬腳。反過來說，絕對要克制自己，以免受到他的蠱惑。

「那時我正埋首於發明，有某位女性對我展開熱烈的愛情攻勢……，不過當時的我……」諸如此類，藉回憶的告白型「吹牛」很可能會使你上鉤，你得特別注意。

此類「吹牛狂想曲」的喇叭，有時還會發出種種不同的音色。你必須仔細地加以分辨。

看懂騙子的伎倆

世上騙子很多，稍不留神就容易被傷害，因此平時要多留幾個心眼。根據我的觀察，在生活中，下列方法可能對你有幫助：

1. **認清哪些人最可能騙你**：例如，某人可以從你這裡得到不少好處；某人覬覦你的某樣東西；某人一定要你接受他的建議等等，這些人都有可能騙你。

2. **不迷信一個人的過去**：一個人過去從來沒騙過你，並不能肯定他現在不騙你。

3. **不受外表的蒙蔽**：一個人誠實與否，是不能用眼睛看出來的。

4. **要積極揭露騙子**：如果你發現了一個騙子，不能睜一隻眼閉一隻眼就算了。這樣他會繼續行騙。

5. **表明你只要事實**：讓人們都知道，你只尊重說實話的人。聽到不愉快的事，不要緊張、生氣，否則，下次別人只好騙你了。

要識別騙子騙人的伎倆其實很簡單，告訴你一個簡易的判斷方法：觀察嘴巴。人在說謊時，大多會覺得嘴唇和喉嚨變乾，因此常用舌頭舔自己的嘴唇並使勁地吞咽，也可以觀察他的手腳，人在說謊而感到不安時，會用手指輕敲桌面或椅子扶手。腳輕敲地面也是一樣的道理。還可觀察眼睛，人在說謊時，眼光往往不敢與你對視，這是

最強烈的暗示。

另外，說謊的人常常會不經意地扯衣服上並不存在的皺褶，或彈並不存在的灰塵。這樣可以避免與對方目光接觸。說謊的人會不斷地整理領帶或項鍊。這一動作只能表示對方心裡不安。此外，觀察腿部也很重要，人在說謊時，腿不斷翹起又分開，分開又翹起，藉此舒解心中的不安。

謙虛的人值得交往

湯瑪斯·傑弗遜是美國第三任總統。一七八五年他曾擔任駐法大使。一天，他去法國外交長官的公寓拜訪。

「您代替了佛蘭克林先生？」長官問。

「是接替他，沒有人能夠代替得了他。」傑弗遜回答說。

和這樣的人成為朋友，難道不是一種人生的恩賜嗎？傑弗遜的謙遜給世人留下了深刻印象。謙遜的目的，並不在於使我們覺得自己渺小，而是以我們的權利來瞭解自己以及對於宇宙的貢獻。除了傑弗遜，愛因斯坦和甘地等這些偉人，都是以謙遜為懷者。當然，他們並不自卑。他們對自己的知識，服務於人類的目標，使世界更趨美好的欲望，都充滿了自信心。

謙遜的人並非自我否定，它是自我肯定，信任自己的正直與尊嚴。謙遜是成功與失敗的融合。謙遜的人對於過去的失敗有所警惕，對於現在的成功有所感念。他們不會讓成敗支配自己。謙遜的人有平衡作用，不讓自己超於自己，也不讓自己劣於自己，也不是讓自己高人一等或屈居人下。謙遜即是寧靜，使他們不致受往日失敗的拖累，也不致因今日的成功而囂張。謙遜是情緒的調節器，使他們保持自我本色，保持青春常駐。

謙遜的人往往具有以下的特徵：

1. **誠懇**：誠以待己，誠以待人。

2. **瞭解**：瞭解自己所需，瞭解他人所需。

3. **知識**：學習知道自我的本色，不必模仿他人。

4. **能力**：培養聆聽與學習的能力。

5. **正直**：建立自我的內在價值感，忠於這份感覺。

6. **滿足**：經由瞭解建立心靈的平和，不需小題大做。

7. **渴望**：尋求新境界、新目標、新成功，並且付諸實行。

8. **成熟**：成熟是彩虹盡端的黃金。他們能因成熟而瞭解謙遜，因謙遜而獲得成功。

謙遜並不表示謙卑。和這種人相處會讓你受益匪淺，因為它是快樂的泉源。或許，英國小說家詹姆斯·巴里的話最為中肯：「生活，即是不斷地學習謙遜。」

真正的智慧總是與謙虛相連，真正的哲人必然像大海一樣寬厚。一個人只有瞭解得越多，他才會認識到自己知道得越少。他才會認識到自己知道得越少。他才會認識到自己已「學有所成」，這位老師深知這位學生的底細，看著這位認為自己已「學有所成」的學生，老師慨然道：「事實上，我自己才剛剛入門。」

半桶水響叮噹，一桶水不會響。淺薄的人總以為上天下地無所不知，而富有智慧的哲人深感學海無涯，唯勤是岸。牛頓曾有感於此，他說：他只不過是一個在大海邊拾到幾個貝殼的孩子，而真理的大海他還未曾接觸。

學識豐富的人，容易對知識過於自信，多半不容易接受別人的意見。知識要豐富，態度要謙虛。不僅如此，他們往往強迫別人接受自己的判斷或擅自做決定。一旦這麼做，將會導致被壓制的人覺得受到侮辱、傷害，而不會心甘情願地聽從。他們可能會憤怒、反抗。更嚴重的也許會訴諸法律。

而真正的大師，即使談到自己有把握的事，也會裝出不太有把握的樣子。陳述自己的意見時，從來不會太過武斷。若想說服別人，他們會先仔細傾聽對方的意見，用

和周圍的人同樣的方式說話。他們不會刻意修飾措辭，只是純粹地表達內容。他們絕對不會讓自己顯得比周圍的人更偉大，或更有學問。

遇到這樣的人會是什麼感覺？大概會感謝上天讓自己在職場上遇到這樣的人，能和這樣的朋友交往，實在是人生的快事，比聽那些「吹牛大王」胡說八道要強出無數倍。

言而無信

有時，認認真真地拜託別人幫忙辦事，對方痛痛快快地答應之後，就沒了下文。

這種事應該在工作上發生不少次，仔細想想，這事還真是難以避免。

現代人壓力大，工作生活忙碌，但礙於情面，你託他人辦事時，對方有時熱情地答應下來，似乎挺夠義氣，事實上，很可能他說過就忘了。

高小姐特別想去加拿大深造。她託了一個曾經在加拿大打工的老朋友打聽關於入學的情況。還特地為此請那個老朋友吃飯。

那個老朋友去了加拿大之後，高小姐天天盼著來信，她將希望寄託在他身上。十天、半個月、一個月，她終於按捺不住，打電話去詢問。那個老朋友熱情地說：你放

心你放心，我一直惦記著呢！只是最近特別忙。又過了一個月、半年，她打了好幾次過去，他還是在電話裡熱情地說：你放心你放心……，直至放暑假了，他還是沒給她任何消息。高小姐氣憤不已，覺得他太虛偽了！不想幫忙為什麼不說實話。後來，她在氣急之下，決定直接向那個學校聯繫，沒想到，很快就得到了準確的資訊。

有些人，答應得很快卻未必去做。這種人不僅沒幫你辦成事，反而會誤了你的事。這樣的人將來就很難再得到他人的信任了，我們也要注意不要成為這種人。

和口是心非的人打交道

口是心非的人與背信棄義的人有某些相似之處，都是言行不一，表面上對你露出一副親切坦誠的面孔，背後卻對你不仁不義。背信棄義的「吹牛大王」慣於違背諾言，因為他們自己從來就不相信諾言。實際上你在跟一個不成熟、缺乏責任感的「吹牛大王」打交道時，他會毫不在意，可以任意向你做出承諾。在他認為有必要的時候，就可以一腳把你踢開。比如：他要開一家公司，有些朋友想和他合作。在他的眼裡，小天是障礙，就想盡辦法將小天踢開。他還有自己充足的理由：我也是沒法子，當初和他做朋友，看中的是他的關係。現在這些關係都用完了，這個朋友留著一點用都沒有了。我不讓他走，難道還等他把我辛辛苦苦創立的事業都毀掉不成？

與背信棄義的「吹牛大王」相處，你要巧妙地讓他確信你能幫助他達到預期的目的。你的目標是要讓他遵守諾言，制止他做出背信棄義的事情。不能任由他自己把事情搞砸而又反過來責備你，或者覺得從你身上無利可圖時把你一腳踢開。

面對這種「吹牛大王」，你應當：

1. **把事情當做他的問題來討論：**探討一下你們共同的目標以及對於你們來講最重要的事情。提醒他，如果他履行諾言，就會從中得到好處。

2. **提醒「吹牛大王」遵守承諾：**明確自己的所需並且坦率地說出來：「你當初說過，能在兩個月內把欠我的錢都還給我。現在時間已經到了，為什麼沒見你有什麼動靜。」

3. **進行必要的申辯：**如果你覺得有必要申辯，一定要把握好自己的語言和態度。對此，除了考慮到當時對方的心情、對方的性格特點及工作方式以外，更為重要的是，你切切不可表現出一種蒙受冤枉的委屈狀，而應該表現出一種非常豁達的態度。首先肯定對方也許是無意中錯怪了自己，這樣就給對方一個很好的臺階，讓他很容易改變自己的觀點。另外，在申辯過程中，最好多用事實講話，用事實來證明自己沒有錯，而不要表示自己沒有責任。最好避免出現「不是我的錯」、「我沒有責任」等話，以

免直接地刺激對方，使對方產生強烈的抵觸情緒。

4. 請其他人出面解決：你可以聯合其他朋友，用各種可能的方式，說明對方對自己不合理的地方，讓「吹牛大王」知道問題所在，從而實現他們的承諾。

放羊的孩子

當一個人失去信譽之後，一些不瞭解真相的人，可能還會有人信任他，但是，幾次的失去信譽，就像那個放羊的孩子不斷地喊「狼來了」造成的那種後果一樣。

一位老闆說：「中國有十三億人口，每一個人騙一次就足夠了。」這句話，讓人聽起來有些心寒。然而事實上，老闆說的這句話倒是實話。當然，這個老闆在人前所標榜的卻是另一番話語：「我是一個特別注重信譽的人，人在江湖，靠的就是一個信用。做生意嘛，不能只做一次，要長期合作，大家一起賺大錢。」這個老闆慣用的伎倆是用真誠的話語騙取合作者的信任，並且總是許下一些「空中樓閣」式的諾言，或者進行鄭重承諾，信奉雙贏原則。同時，恰到好處地施以小恩小惠，讓你產生「知遇之恩」的錯覺。當你要拿取自己所得的利益時，即便是白紙黑字的協議，也會被他胡攪蠻纏似的推翻。

據說，那個老闆最後生意賠了。因為同行都知道他的底細，沒有什麼人願意與他合作。這是「吹牛大王」的必然下場，但是在他的真面目暴露之前，一定騙了不少人。你一定要睜大眼睛看看周圍的人，誰會是「吹牛大王」，千萬別讓這些人把你騙了。

這些毫無信譽可言的人，往往要處處表現他們的信譽。

有一個無賴，路上遇到了一幫狐朋狗友，想請客但口袋裡又沒有錢。他把一幫朋友邀進一家酒館，酒過三巡之後，向店主先要了一碗麵，對眾客人們說：「你們先喝，我回家把這碗麵送給我母親馬上就來。」到家後，換了自家的碗，端著麵來到一家小鋪子裡。鋪裡有個老太太坐在櫃檯內顧店，他走上去對老太太說：「我家擺壽宴，要我送一碗麵給您老人家吃。」老太太高興地起身致謝。他又說：「我家客人多，麻煩您把麵倒到自家的碗裡，我還要把這個碗帶回去用呢。」趁著老太太起身到廚房裡去換碗，無賴偷了收銀機裡的幾張鈔票，拿著錢又到家裡拿了酒館的碗，回到酒館裡與客人們接著大吃起來。

如果，無賴回去再找那些他欺騙過的人，他們會再相信他嗎？還會願意與他相處嗎？如果你的身邊有這樣一位「吹牛大王」，你可一定要留心了，誰知道他在別人面前許下承諾之後，會不會拿你當墊背。

失信者

翻閱美國的商業歷史，我們可以看出，五十年以前的大商店，在今日依然存在的幾乎是寥若晨星。那些大商店，在當時好像雨後春筍、生機蓬勃，登各種欺人的廣告，做各種騙人的勾當，真是盛極一時。然而它們的壽命不可能長久，因為它們缺少信譽。在大眾面前，它終究是不可靠的，雖能一時欺騙得逞，但是這種騙局遲早是會被發現，那時它們就要被冷落、衰落而終至失敗了。

天下沒有一種廣告能比誠實無欺、言行可靠的美譽更能取得他人的相信。你要接近這種人，和他們做朋友。一個人講信義，這個人就會有威信，說話就有人聽，有人信，當遇到困難的時候人們就會願意幫助他；反之，一個人若總是騙人、不講信義，那麼，這個人的人緣就會很差，說話的分量就會大打折扣，有時即使說的是真話，人們也總以懷疑的態度來對待，而當這個人處於危急、需要他人救援時，人們也會採取冷漠態度對待。

1. 缺乏一點責任感：有的人為什麼說話很隨便？就是因為缺乏社會責任感，不會設身處地為他人著想。譬如，答應他人三點鐘約會，四點還不到，完全不考慮對方是多麼焦急，不考慮浪費他人時間，甚至還認為這些都是「小事一樁、無所謂」，這就是

缺乏責任感的表現。一定要對他人的這種行為表示強烈的反對。人是一個社會群體的一部分，每個人的任何社會活動都在表現著對他人、對集體、對社會的一種責任，為什麼做人做事一定要「言必信，行必果」？因為只有這樣，人才能有所進步。因此一旦遇到這樣的「吹牛大王」，就必須加強他們的責任感。

2. 未考慮承諾的可行性：

某大學的系主任，向系上的青年教師許諾說，要記功獎勵他們三分之二的人。但當他向學校申報時出了問題。學校不能給他那麼多名額。他據理力爭，跑到腿酸，說到口乾，還是不能解決問題。他又不願把情況告訴系裡的教師，只對他們說：「放心，放心，我既然答應了，一定會做到。」最後，評定情況公布了，眾人大失所望，把他罵得一文不值。校長也批評他是自作主張。從此，他既在系裡信譽掃地，也在校長面前失去了好感。

諾言是否能兌現，不只是決定於主觀的努力，還有一個客觀條件的因素。有些照正常的情況是可以辦到的事，後來因為客觀條件起了變化，一時辦不到，這是常有的事。因此，我們在工作中，不要輕率許諾，許諾時不要斬釘截鐵地拍胸脯，應留一定的餘地。有些人口頭上對任何事都「沒問題」、「一句話」、「包在我身上」，一口承諾。可是，嘴上承諾，腦中遺忘，或腦中雖未遺忘，但不盡力，辦到了就吹噓，辦

不到就噤若寒蟬。這種把承諾視作兒戲，是對朋友的不負責行為，對這種人的話你千萬不要當真。

3. 功利的誘惑：

狡詐、欺騙是人不講信義的很重要原因，而受功利的誘惑則是導致人產生狡詐、欺騙行為的最主要原因。為此，交際當中一定要注意他人的行為是不是受到功利的誘惑，是不是這個人過於實用主義，他會不會因蠅頭小利去算計他人，是不是只看到自己的利益，這種人是你不能信任的，因為在他們身上，根本沒有「信義」兩字。

如果你在人行道上發現一個裝滿鈔票的皮夾，你身邊的人將會怎麼辦呢？各式各樣的回答，令人大吃一驚。

「那要先看皮夾裡有多少錢。」

「我會把它保存起來，如果沒人認領，我就把那些錢花光。」

「我會把錢留下來，把皮夾寄回給失主。」

在人行道上發現一個裝滿鈔票的皮夾，根據皮夾裡面的身分證件與失主聯絡，然後原封不動地把皮夾和現金送回。除了一聲「謝謝你」外，不應接受任何酬勞。我覺得這是做人最起碼的道德，如果你周圍有人連這種起碼的道德感都沒有，你為什麼還

要和他交朋友？如果丟掉皮夾的是我們，不正是希望拾到的人這樣做嗎？

4. 從小事做起，將守信用、講信義培養成一個習慣：很多人都沒有注意到，越是細小的事情，越容易給人留下深刻的印象。

比如，向別人借錢後，到了約定日子仍無法還錢，他隨口說過幾天再還吧。如果稍有判斷力，我們就一定可以看出他是一個怎樣的人，是否值得信任。另外不少年輕人平日為人誠實可靠，但他們有一個毛病，那就是對任何事情都太馬虎，這樣就容易在不知不覺中使自己的信用喪失，例如，他們明明在銀行裡存款已經不多，卻還是開出了一張超額的支票，結果害得收款的人到銀行碰壁。如果這樣做生意，那麼他的一切信用最終將會破產。守不守信用，講不講信義，是一個人具不具備良好人品的表現，而它的形成不是輕而易舉的，而是在生活實踐中慢慢形成的。百尺之臺，始於壘土。為此，一定要注意從小事做起，從一點一滴做起。當人從小形成一種一撒謊騙人就會在內心感到恥辱、不安、難為情時，他就會成為一個守信用、講信義的人。

我們現在這個時代是一個非常講究信用的時代，沒有信用的人是不會得到別人的欣賞，不會得到與別人的合作機會，不會得到銀行的貸款，不會有人願意和他做朋友。所以，遇到言而無信的人，我們要和他保持一段距離。

沒有太多期望，就不會太過失望

所謂「期望值」是指人們希望自己所想或所做的事情達到成功的一種比值。人們在和朋友的交往中，都希望自己所想或所做的事情能夠成功，但客觀事實又往往不遂人願。尤其是辦事前寄予成功的「期望值」越大，而一旦事情沒有成功或辦糟之後，其失落感就越強，心理上越得不到平衡，由此內心的悲傷、痛苦愈強烈。如此狀態，勢必影響工作，妨礙身心健康，貽害無窮。

更何況，假如你遇上了一個「吹牛大王」，那你可能就會更慘了。本來他的承諾可以幫助你解決一個困擾你很久的難題，但到最後他就是沒有幫你辦成，弄得比以前更加沮喪。或者是他答應幫忙辦的事情本來是件很容易的事，結果就差他的「臨門一腳」，弄得你功敗垂成。

因此，人們在交友過程中，最好要調整好自己的「期望值」，把它調節在最恰當的位置。若能如此，你就可以免受其難了。那麼，如何調整好自己的「期望值」呢？

1. 對自己和對方有個正確的評價：古人云：「知己知彼，百戰不殆。」你對自己都沒有一個正確的、客觀的認識，盲目地瞎撞，就不可能獲得成功。另外一方面，你應該就對方有一個全面、真實地瞭解，假如你早知道對方是個「吹牛大王」，常常是空

許諾言，那就不要再期盼著他能幫你做什麼了。

2. 對自己所想或所做的事以及與之相關的方方面面也需有個全面、客觀的分析：有些事情也許你就不能全怪「吹牛大王」的空許諾言了，因為你要求做的事情實在是太難了。比如和好友一起吃飯，酒到酣處，你非要找到哪位藝人，另一個朋友也喝多了，說要全力協助你。像這種事情就別指望對方能兌現諾言了。笑話歸笑話，可是有些事情別人許諾卻辦不到，除了對方有「吹牛大王」的習慣之外，事情的難度太大恐怕也會造成對方的食言。

3. 事前要有成功與不成功的兩種思想準備：無論是結交他人，還是辦事情，都將有成功與不成功的兩種可能性結局。對事情只想到成功，而不想到失敗是不客觀、不現實的態度。幹練成熟的人，做任何事之前都有兩手準備。他們交友辦事常常胸有成竹，不會因為事情順利而沾沾自喜、忘乎所以；也不會因為事情受挫而悲觀失望、滿腹牢騷。比如作為一個冷靜成熟的談判者，就應該有兩種準備，不要把成功的「期望值」定得太高或太低。太高，你就會麻痺大意，談判前需要準備的材料和應商定的對策，你就不會去認真準備，結果「大意失荊州」，被對方弄得措手不及而陷入被動；太低，你就可能喪失信心，或怯場，或精神萎靡不振，而丟了自己的

優勢，讓對方牽著鼻子走。

4. 事先不妨將不利因素估計得嚴重一點：俗話說：「先難後易」，是說任何事寧可在事前將不利因素估計得充分一點，也不要等到事情來臨時，弄得手忙腳亂。因為事前尚有應變迴旋的餘地；事後卻「生米煮成熟飯」，要想挽救已來不及。現實生活中，人們往往對有利的因素估計過多，而對不利因素估計不足，容易造成「後悔」。

這是因為人們對事情成功的「期望值」偏高，結果反過來掩蓋了人們的視線，使他們看問題片面、靜止、主觀、感情衝動而缺乏冷靜客觀地分析，於是做出錯誤或不明智的選擇。

5. 在交友處事的過程中適時地調整好「期望值」：由於對人情世故的把握程度有限，人不可能事事能掐會算。因此在實踐中學習、調整自己的行動，便是十分重要的了。這就是說，在交友處事的過程中，及時的根據此時此地和彼時彼地情況的變化，來審視和調節自己的「期望值」，適時地採取相應變通措施，才可以避免或減少失敗。事變我變，人變我變，不把希望寄託在某一個人身上，成功的可能性變小，就後退一步，或改弦易轍；成功的可能性變大了，就全力以赴，奮勇拚搏。

讓「奧客」付帳

一家電腦銷售公司的業務員大信，有一個讓他十分頭疼的客戶。這個客戶喜歡拖帳，而且往往一拖就是好幾個月。因為這個客戶，大信不知道被老闆數落了多少次。

大信不是不積極地去催帳，只是如果打電話，客戶的祕書聽出是大信的聲音，馬上就說：「老闆不在。」

若是來個出其不意，跑到客戶的公司，開門的職員看到是他，一定會中氣十足地扯著喉嚨喊：「大信啊！我們老闆今天不在喔！」

大信背地裡叫這個客戶為「奧客」，因為和他做生意很痛苦，但是業績不錯，放棄他又覺得可惜。

這一天大信開完財務會議又被罵了個滿頭包，因為有一筆金額不小的帳款又被「奧客」拖了好幾個月。心情不好的大信，連晚上和女朋友約會時也有些心不在焉。大信那十分聰慧的女友看著大信愁眉不展的模樣，真覺得有些心疼。忽然女友放下了筷子，兩道眉彎成了下弦月，對大信說：「喂，我有個主意。」

第二天早上，大信急匆匆地來到客戶的公司。照例，一個職員扯開了喉嚨喊：

「很抱歉！我們老闆不在，請你回去，等明天老闆回來再打電話給你。」

大信只好點了頭向門口走。忽然像是想起了一件事，由公文袋內掏出來一封信交給這個職員：「你們老闆回來之後，麻煩你轉交此信給他。」說完就匆匆離去。過了十幾分鐘，又看到大信急急忙忙地走回來，對「奧客」的職員說：「很對不起，剛才的信給錯了，請你還給我，這封信才是給你們老闆的。」

職員走進去拿了那封信出來交給大信。只見大信看了一眼已經被拆開的信說：

「噢！太好了，你們老闆回來了，請帶我去見他。」就這樣，大信見到了「奧客」，拿到了貨款。他一邊向「奧客」道謝，一邊打開皮包拉鏈將貨款塞進去。

那些不願意履行自己承諾的人的確是讓人頭疼，最好是離他們越遠越好，但是如果你不幸像大信一樣，必須和這種人打交道，那你就需要多動動腦子了。其實，這些人並非難以對付，只要你用心去做，總會得到你想要的結果的。

第 7 章
只有零次和無數次

嗜利成癮的賭徒

雖然人們說小賭怡情，但大賭可是會讓人生失利，一
天二十四小時都能耗在賭桌上的賭徒，為了賭錢或許
會對你不擇手段。

和賭徒保持距離

「小宥，我手上有你洗澡的影片，不過你放心，只要你和我們合作，我們就不會破壞你考試的，我們只是要錢。」即將期中考的小宥突然收到一則手機簡訊，她當即被嚇得手足無措，沒過幾天，她又突然接到一名中年女子打來的電話，該女子在電話中稱：「我手中有不少你的裸體寫真照，如果不願意曝光，拿二十萬現金來交換。」還沒等小宥想好如何與父母開口講此事，這個神祕電話就打到小宥的家裡，同樣是一個中年婦女的聲音，同樣是以小宥的裸照為要脅，讓小宥的家長拿二十萬元交換照片。

小宥一家在驚恐中選擇了報警，警方介入後迅速展開調查工作，對發簡訊的手機採取了嚴密的監控措施。通過相應的偵查手段，員警在某天凌晨一點多，在路邊的一個電話亭，抓獲三十六歲的蕭某。據蕭某交代，他此番前來，是準備往小宥家再打敲詐電話的。原來，三十六歲的蕭某好賭成性，但苦於無錢參賭，聽說女兒的同學小宥家中較為富裕，就動起了歪腦筋，先通過家裡的來電顯示裝置，記下了小宥的手機號碼和住宅電話，然後就編造裸體照片事件，敲詐小宥及其家人。

賭，是一種成癮的遊戲，可是真的上了癮之後，會成為葬送一生的陷阱。只要是

賭博，自然是有輸有贏，一旦輸得家破人亡，又還想在在賭桌上拼上一拼，就牽扯到本錢的問題。自己已經走投無路，從哪裡得到本錢？賭徒們的思路就會越想越寬，越想越邪，越想越歪。

如果你知道身邊有嗜賭成性的人，還是和他保持距離吧！

感情騙局

年僅二十五歲的粉領族莉莉在網路邂逅了一名「白馬王子」，深陷情網。為討好心上人，癡情的莉莉毫不猶豫地挪用了公司資金近一百八十多萬元。莉莉被檢察官起訴，求處有期徒刑六年，莉莉當庭沒有提出上訴。直到落入法網，莉莉才知道心上人原來只是一個無業遊民，與自己交往就是為了錢。

幾年前，老闆把公司的業務都交給了莉莉，公司的貨款也全部由她經手。她上網認識了一個自稱是「小瀚」的網友，兩人從網上甜言蜜語，很快發展為電話訴衷腸。後來，小瀚還大老遠地專程來看莉莉，給了莉莉一個大大的驚喜。當天，小瀚就住進了莉莉家裡。過了兩天恩愛的日子，小瀚稱公司有事要忙，便先離開了。回味著幸福的滋味，莉莉一直不能自拔，她又主動匯了六千元給小瀚。沒過幾天，小瀚打電話說

他要學開車，向莉莉要了二萬元，過沒幾天，又說他母親生病向莉莉借了六萬元。莉莉都答應了，並為此挪用公司的現金貨款。

小瀚再次去看望莉莉，讓她喜出望外，陪他盡情地遊玩、娛樂。這一切當然都是莉莉用公司的錢買單，兩人的感情也進一步升溫。小瀚臨走時，與莉莉依依惜別，但也沒忘了告訴她，自己要跟一個朋友合夥開一家建材公司，需要資金，讓她幫著從公司帳上「借」些貨款給自己用。被愛情沖昏了頭腦的莉莉，一點都沒有多想，當時就同意了。

沉浸在愛情裡的莉莉沒有想到，她的美夢已到了盡頭。莉莉的老闆出國回來了，發現了公司財務中的漏洞，馬上向檢調單位報了案，警方逮捕了莉莉。在莉莉與警方的配合下，很快將公款使用人小瀚抓獲。據小瀚供述，他二十八歲，無業，終日在街頭遊蕩，沉迷於賭博，並欠下大筆賭債，被債主逼得無處躲藏。正當一籌莫展之際，他在網路認識了莉莉，沒想到這個女人對自己一見傾心。於是悲劇就發生了。

賭徒們往往會不擇手段地獲取他們想要得到的東西，所以，認清這些人的真面目，是最關鍵的一步。另外，網路交友也要格外小心，不要輕易對剛認識的人推心置腹。

知錯能改

曾聽過這樣一個故事。某位宋小姐拿著離婚協議書與丈夫王先生來到法院，對法官說他們雙方要求離婚。因夫妻雙方都同意，依據相關法律可准予離婚，法官拿出離婚筆錄要兩人簽字。

但宋小姐咬著牙簽過字後，突然說一句「以後我什麼事都不用你們管了，我也不想活了」，接著便含淚跑出法庭。明明是宋小姐和丈夫自願離婚，而且既然同意離婚又為何要尋死呢？法官感到事有蹊蹺，於是決定把離婚程序暫時往後推，並派人到宋小姐家中瞭解情況。

原來，宋小姐與王先生婚後生了兩個兒子，且夫妻感情一直都不錯。近兩年來，宋小姐漸漸染上賭博的惡習，終日沉迷而疏於對家庭的照顧。對此丈夫王先生已經不止一次地勸阻她，但都沒能把她從賭博的泥淖裡拉出來，為此兩人還經常發生吵鬧。

賭博「十賭九輸」，宋小姐把丈夫日夜辛苦賺來的錢都輸光了，最後不得不依靠借錢來滿足自己的賭癮，兩年下來，已經背上了幾百萬元的沉重債務。苦心經營了十年的幸福家庭，因自己好賭慢慢走到了崩潰的邊緣，為了不連累自己的丈夫，同時也為了使丈夫得到解脫，宋小姐是以夫妻感情破裂，逼迫丈夫與其離婚，然後

準備一死了之。

瞭解上述情況後，法官大為感嘆，對宋小姐是哀其不幸，怒其不爭。隨即將情況告知王先生，得知妻子只是為了不拖累自己才要離婚並輕生，王先生大為感動，回想起多年的夫妻恩愛，王先生表示只要妻子願意戒賭，他會原諒她兩人重新一起過日子。

隨後，王先生又通知宋小姐的家人，在丈夫、家人、法官的多番勸慰下，宋小姐終於打消輕生的念頭，撲倒在丈夫懷中嚎啕大哭，答應丈夫以後一定會戒賭改過自新。

好在這件事情最後是以大團圓的結尾收場了，不過我覺得這種結局在賭徒的家庭生活裡，只能是微乎其微了，家破人亡、妻離子散的故事我們不知道聽了有多少了。

所以，如果你的身邊有愛好賭博的人，一定要勸他們走上正道。

第 8 章
高級人設裡的惡意

偽善的雙面人

在雙面人偽善的外表和華麗的人設底下，常常藏著一顆骯髒無比的心。

暗箭難防

現代社會充滿競爭，有的人不一定是非跟你過不去，但卻有意無意地排擠你，你努力工作被認為是表現欲望強，你對別人的關心被認為是虛情假意，同時周圍的人還散布一些小道消息來攻擊你。在這種「暗算」之下，你的心理情緒自然會受到影響，怎麼應對就成了當務之急，特別是當它來自你最親近的朋友。

小雨是小寧的大學學姐，比小寧早兩年進公司，因為部門裡就她們兩個年輕人，小雨又身為學姐，她一直很照顧小寧。平常有專案她經常帶小寧一起做，讓小寧累積經驗並教了她許多應付各種難題的技巧。僅僅三年，小寧就做到了經理特助的職位，成了部門裡升遷最快的新人。就在小寧慶幸自己運氣好，遇到這樣一個肯提攜新人的學姐時，小寧卻收到了小雨送的意外之「禮」。

有次小寧和小雨負責共同籌辦一個美國客戶的產品發表會。因為事前對客戶提供的新產品資料做了詳盡的瞭解，小寧提出的方案得到美方客戶的讚賞並被採納。小寧雖然隱隱感覺到小雨的尷尬與不悅，仍安慰自己：「學姐是個好人，她應該能夠理解。」

當晚，就發表會的細節問題她們又和客戶談了很久。因時間緊迫，客戶要求小

寧連夜隨他們去酒店布置會場。當聽到自己不在布置會場的工作人員之列，小雨的臉色當場就變了。不過到底是多年的「好姐妹」，在發現小寧手機沒電，四處找電話想通知男友時，她又恢復了當初大姐的姿態，主動說：「快去吧！我幫你通知你男朋友。」甚至在小寧臨走前，她還滿臉微笑、關心體貼地讓小寧多加件衣服出去。天真的小寧著實為有這樣一個情深意重的「好姐姐」感動了一番，直到看見男朋友漲紅著臉、氣急敗壞地衝進酒店將自己大罵一通時，小寧才明白那笑容背後的涵義。

原來在小寧走後，小雨打電話到她家，緊張兮兮地問：「小寧在嗎？我們都很擔心她啊！聽同事說她晚上跟個美國客戶進了酒店，怎麼直到現在她還沒回來呀？」於是乎，就出現了先前上演的那齣「鬧劇」。而那則小寧跟客戶去酒店徹夜不歸，引得男友與客戶爭風吃醋，兩人於酒店大打出手的謠言在辦公室盛傳一個多月後才漸漸平息。雖然事後大家明白了事情的真相，但這個故事還是被當作花邊新聞成為同事們無聊時的話題。

在職場上盡可能善待所有的朋友，但不要跟任何人過分親暱，保持距離，不要輕信他人。因為最親近的人給予的傷害才是最深，也是最難防的。

被當成棋子

留美碩士伯偉回國後就到電視臺工作，伯偉不僅長得儀表堂堂，而且強聞博識，且能言善辯，臺裡所有人都看好這位明日之星，就連臺裡的大牌製作主持人陳製作也直誇伯偉前途無量。

有前輩誇獎，伯偉工作起來更是賣力，不分晝夜地泡在電視臺裡做工作。閒時也想：如果陳製作能提拔他一把，那就太棒了，伯偉自信不會太令前輩失望。

機會終於來了，近來出差頻繁的陳製作給伯偉打來電話，約他面談。伯偉做夢也沒想到陳製作真的聯絡了自己，並說要把自己的成名之作交給伯偉主持。乍聽之下，伯偉高興得難以置信，說不出話。陳製作的成名節目，是自己找的製作班底，加上陳製作自己主持。起初大家以為他一定弄不成，沒想到一炮而紅，愈紅愈有大人物願意上，收視率也愈高，使陳製作不僅在電視界，連在政治界、學術界，也成了大人物。靠著關係做生意，愈做愈大。

面談那天，陳製作走近伯偉說：「我的事情多，常在世界各地跑，偏偏節目每個禮拜都得錄影。」陳製作兩隻熱手握著伯偉冰涼的手，很誠懇地說，「想來想去，只有你這位青年才俊，夠格來接，你考慮考慮。」

「哪裡還需要考慮？」伯偉高聲叫著，對著面前的陳製作自信地回答：「我當然願意接下。」

伯偉立刻接手主持這個大紅的節目，這個消息像是一聲雷，震動了電視界，更震動了觀眾。大家議論紛紛：「伯偉這麼菜，怎能接陳製作的東西？」

「老陳把自己打下來的江山，交給伯偉，太冒險了吧！」

「不是伯偉這樣的曠世才子，又有誰接得了？放眼今天，能主持，又有學校背景的，能有幾人？」

節目播出了，伯偉果然主持得可圈可點。雖然有些看慣陳製作的人，一時不能習慣，經過一段時間後，也就適應了。問題是，隔了好長時間，節目不但收視率沒提高，反而下降了。伯偉四處請求，廣告商就是不回應。

「老弟！這可是我的『老招牌』，你要加油啊！」陳製作常鼓勵伯偉。只是，說歸說，連陳製作的製作班底，也愈來愈沒幹勁，而且聽說都去搞另一個新節目了。

節目在陳製作打響招牌十年之後，終於因為收視率太差，廣告又太少，而宣告結束。伯偉傷心極了，覺得愧對陳製作重託。

「沒關係！沒關係！」陳製作安慰著伯偉，「連你這樣的人才，都做不下去，也就沒話說了。不怪你，不怪你！」

隔不久，傳出陳製作要再度出馬，開闢一個比原先更精彩的節目，而且親自主持。之前退出的廣告，一下子全回來了。

陳製作的班底，居然在短短兩個星期當中，已經製作了好幾集，還存了許多精彩的企畫，這個新節目一炮而紅。還是陳製作的魅力驚人。只是年輕才子伯偉砸了之前那麼有名的節目，成為收視率毒藥，伯偉短時間很難再爬起來了。

看完這個故事，你有什麼感想？

陳製作是很不簡單，居然把他的成名節目，交給新來的伯偉。伯偉也硬是在眾目睽睽之下，把節目作垮了。只是很奇怪，陳製作的老招牌砸了，似乎沒傷害到陳製作，反而證明陳製作的魅力，使他更紅了。再想想，之前那個做了十年的節目，似乎也真是太老，該換新東西了。說到這兒，相信你已經找到了答案。

陳製作的成名作、老招牌，怎麼能在他自己的手裡毀掉，那是多讓人尷尬的失敗啊！可是節目又該更新了，怎麼辦？於是計謀產生了。

把這個已經沒救的位子讓給伯偉吧！他做成功了，也是因為那是陳製作的節目，是在陳製作的鋪路下，做成功的。做失敗了，只怪他能力不足。這麼老的招牌，居然到他手上就垮了。可見還是陳製作行，還是換陳製作來吧！

記住！這世界上處處有陳製作一樣的上司，把看來最好的東西交給你，令你感激

涕零。但是，你也要想想，憑什麼他要給你？你是真的年輕幹練，足當重任嗎？抑或你只是個替死鬼？

不要忘了，尤其在你最得意的時候，切記：「天下沒有白吃的午餐！」年輕人初涉社會職場，須步步小心，凡事斟酌再三；趨利避害，以免陷入他人預設的陷阱中。

遇到有權力的小人

世上有些人有種怪脾氣：欺軟怕硬。比如在一個部門或公司裡，上司太強硬了，有些下屬便畏首畏尾，低聲下氣，說主管獨斷專行；而上司太軟弱了，對待下屬又有令不行，有禁不止，甚至引起下屬爭權奪位的動機，對於這種下屬，人們稱之為「小人」。

一般來說，小人都是一些品格低下，手段卑劣之輩。他們辦事向來不擇手段，只為達到目的。他們不惜小題大做，添油加醋或者憑空捏造事實，以便對正人君子進行陷害。如南宋秦檜，便是以「莫須有」的罪名置岳飛於死地。他們不需要什麼證據，更不需要讓人欽服，用他們的話說，只要他們心目中的「最高領導者」認可，他們便可任意發揮。所以自古以來，人們總結出這樣一句話，「寧願得罪君子，不要得罪小人」，原因便在於此。

《竇娥冤》裡的陶兀便是典型的小人。剛認識時，他與竇天章結為朋友，彼此不分，後來只因為自己沒有竇天章的官位大，再加上竇天章沒有告訴他竇娥是個女扮男裝的女孩，因此產生嫉妒之心，於是在明知竇娥被冤的前提下，泯滅良心，屈打成招，造成千古奇冤。

其實這樣做實在是得不償失，用現在的話說叫做損人不利己。但小人的願望是無須利己，只要損人便心滿意足了。

還有一種小人，並不像陶兀那樣不管利不利己，都要損人。當然，有些時候這是因為君子的孤傲清高造成的。如唐朝的李白，一生不得志的主要原因，可能就是因為讓高力士脫靴的關係，實在可惜得很。

在唐代，楊貴妃是有名的風流天子唐玄宗李隆基的心肝寶貝。楊貴妃有羞花閉月之貌，沉魚落雁之容，深得皇帝的寵愛。一個女人，特別是帝王寵愛的女人，總希望別人能讚美她，楊玉環也不例外。加之李隆基又是位風流天子，雅擅音樂，宮廷中有第一流的樂隊，也有許多詞臣不斷地撰寫歌詞。在眾多的詞臣中，翰林學士李白是最為傑出的一位。在一次宮廷酒宴中，李白曾於酒酣耳熱之際，作〈清平調〉三首，歌頌楊玉環的美貌。據說他在作這三首詩時醉態可掬，要楊國忠親自為他磨墨，還命皇帝寵信的太監高力士為他脫靴。太監的地位是卑賤的，但得寵的太監就不同了。李白

現代人際關係防禦術　176

要高力士當眾為他脫靴，高力士自然深以為恥，從此便種下了禍根。

李白的三首〈清平調〉寫得很美：「雲想衣裳花想容，春風拂檻露花濃。若非群玉山頭見，會向瑤臺月下逢。」「一枝紅豔露凝霜，雲雨巫山枉斷腸。借問漢宮誰得似，可憐飛燕倚新妝。」「名花傾國兩相歡，長得君王帶笑看。解釋春風無限恨，沉香亭北倚欄杆。」

李白在詩中把楊玉環寫得玉容花貌，像仙女一樣。楊玉環十分得意，常常獨自吟誦這清詞麗句。但是，李白在詩中提到了趙飛燕。李白絕不存在絲毫諷刺的意思，他只是就趙飛燕的美麗與得寵和楊玉環相比。比喻之物與被比喻之物往往只有某些特徵上的相似，而不可能是全部特徵的相合。這使懷恨在心的高力士看到了報復的契機。

但他採取忍耐之策，不急不躁，默默地等待機會。

而機會也終於來了。一天，高力士又聽到楊玉環在吟誦〈清平調〉，便以開玩笑的口吻問道：「我本來以為您會因這幾首詩而把李白恨入骨髓，沒想到您竟喜歡到如此地步！」楊貴妃聽後吃了一驚，不解地問道：「難道李翰林侮辱了我嗎？我為什麼會恨他呢？」於是，高力士施展了移花接木的手段：「難道您沒注意？他把您比作趙飛燕。趙飛燕是什麼樣的女人，怎麼能同娘娘您相提並論。他豈不是把貴妃您看得同趙飛燕一樣淫賤嗎？」

聰明的女人在遇到切身利害問題時，也會變得很笨，楊玉環果然立即上鉤。在當

時，楊玉環已是「後宮佳麗三千人，三千寵愛在一身」，她的哥哥、姐妹也都位居顯

要，聲勢顯赫。她唯一擔心的便是自己的地位是否穩固。她絕不希望被人看作像趙飛

燕那樣淫賤，更害怕落到她那樣的下場。機警的高力士摸透了楊玉環的心思，因此也

就在她心中最軟弱的地方下了刀子。他輕而易舉地把李白的詩同趙飛燕的下場接起

來，一下子使讚美的詩篇成了譏嘲的證據，激起了楊玉環的反感與憎恨之情。後來，

唐玄宗曾三次想提拔李白，但都被楊玉環作梗阻止了。高力士靠此手段，達到了報復

脫靴之辱的目的。一次暗地裡的陰謀，葬送了被稱作「謫仙人」的詩人的前程。

可以說，李白豪放不羈的個性和過於清高的辦事方法使他最終未能在政壇上嶄露

頭角。在他看來，像高力士這樣的小人根本不配與自己為伍，正邪勢不兩立，正人君

子自然嫉惡如仇。正是因為這樣的想法，李白巧借醉酒之機公然在大庭廣眾之下，侮

辱了高力士，沒給他留絲毫的面子，這樣雖可洩一時之憤，但他卻沒想到由此而產生

的嚴重後果，會得罪了一個「雙面人」而斷送了自己的一世前程。好好地衡量一下，

這樣做值得嗎？應該說，兩人相鬥，笑到最後的還是高力士。

所以，作為現代的智者，最好的保身之策是不能忘記這些「雙面人」，而在這

些「雙面人」中，要特別注意的還是當權者或實力人物的親隨，這類人並不是那麼好

接近，而且對他們奉承，他們還會生氣。但要想在這一組織中生存下去，就應當與他們維持正常關係，決不能因為討厭這些人，就避開他們或反對他們。因為這類人常常是「成事不足，敗事有餘」，他們在當權者那裡放冷箭打暗槍，你的所有勤奮就白費了。因而，人們常說閻王好見，小鬼難搪。

其實，真正想要成就一番事業，最好的辦法是閻王小鬼兩不欺。有這樣一個人，分到了一個比自己能力稍差的主管手下，他自恃自己文憑、能力都高，所以時時處處都顯示出對上司不屑一顧的神情。結果，久而久之，因一個小小的錯誤，被上司抓到了把柄，弄得一敗塗地，再也沒有爬起來。

還有一位，也遇到了一個能力較差的上司，他的做法更加令人叫絕，他不但看不起上司，而且將上司的表現反映給上司的上級部門，上級部門派人調查後，將上司革職了。然而事與願違，時隔不久，新來的上司到任後，便毫不猶豫的將他給降級。而且從此以後，他也成為同事眼中的魔鬼，朋友們也漸漸和他疏遠了。

或許，弱者或能力差的人不適合當主管，但現實證明，這些能力差的人也未必當不上。為什麼？你別以為某些人能力差，不具備主管的素質，但在某些上司的眼中，他們卻是非常難得的人才。相反，像上述兩例，一個是犯了下屬管上司的越級錯誤；一個

所以才得以官運亨通。

是自恃才高，目空一切，又鋒芒外露。俗話說，殺一儆百，誰還願意提拔一個對自己構成威脅的下屬呢？

另外還須注意，即便有些上司已經大權旁落，是個傀儡了，你也不應該輕舉妄動。一方面輿論同情弱者，另一方面，看一個公司的重心並不是名分，而是權力。權力所在才是重心所在。更何況有些懦弱者之所以能當主管，勢必要倚重他身邊「軍師」型的人物。就像秦時趙高與秦王一樣，儘管這時的主管形同虛設，但這些如同「參謀」般的人物，卻早已羽翼豐滿，大權在握。一旦有人膽敢窺視他們的「權力暗箱」，他們會毫不猶豫地將你消滅，因為，他們絕不會與你分享這種特權，這種事情不論在古在今，都有很多事例證明了。

別對雙面人委曲求全

工作中的「雙面人」上司是阻礙成功的暗礁，如果不能事先發現這些暗礁並及時避開他們，那麼你的事業之舟很可能會觸礁，輕則拋錨、擱淺，重則被撞翻、撞沉。

小何的上司其貌不揚，當他開始帶小何所在的部門時，小何極為天真的將這位上司視為良師益友。半個月後的一天中午，幾位朋友請小何吃飯，席間話題不知怎麼扯

向了小何的這位上司，有位平日裡極溫和端良的女同事第一個本能反應是對此人極為厭惡，甚至是噁心，另外幾位或多或少與他打過交道的也都現出鄙視的表情。沒想到第二天，這位主管專門把小何叫到一個沒人的房間裡，面帶「慈祥」微笑地向小何探聽昨天中午他們的談話，說是他有一個朋友恰好坐在我們旁邊的桌子，全都聽見了。

小何覺得好笑，既然都知道了還問什麼？還好當時小何沒說什麼，而且別人說的他也沒放在心上，所以小何說：「記不清楚了。」接下來為這事他兩天內找小何單獨談了十次，小何都是這句話，他的臉色一次比一次難看。小何也不大耐煩了，人不做虧心事，不怕半夜鬼敲門，何況只是同事間的幾句閒話。

小何的上司當過這個公司另一個部門的負責人，因此前同事們比小何更瞭解他：

「薪水比大家多兩倍，但一起出去辦事搭車從沒掏過一塊錢，跟女孩子在一起時也一樣，可是又不知從哪兒弄來那麼多發票找老闆報銷。」「叫下屬一起去飯店吃飯，說好各付各的，但總會出現一些小插曲，最後不出自己的那份飯錢。」「整天『髒話』不離口，尤其在漂亮女下屬面前。」……很快，他的這些「特點」在下屬面前發揮得淋漓盡致。不久有一天小何高燒四十度，好不容易完成當天的工作，他又臨時給小何加了許多工作，小何咬牙堅持做完已經是晚上九點多了，誰知跌跌撞撞剛到家門口，手機響了：「速回公司，有新任務。」天哪！小何差點暈過去，要知道小何家離公司，

車程兩個半小時，而小何現在還沒吃晚飯。小何在電話裡幾乎是乞求了……「老大，我現在在發燒，您看可不可以明天……」對方的回答是：「你最好快點！」小何只好病懨懨空著肚子再趕回去，一直忙到凌晨兩點多。

小何不明白他何以對自己如此苛刻，在他做上司之前小何一直是公司的菁英。小何決定主動找他溝通一下，地點定在一家五星級飯店。他倒是很高興地來了，大約是以為小何終於肯投降了。他慷慨地點了六人份的菜，還有飯店裡最好的酒，然而最讓小何惱火的是他居然還為自己點了一瓶價格不菲的洋酒，還讓小何付帳。小何萬分後悔沒有站起來當場走掉。

直到那時小何仍然善意地委曲求全，然而上司卻變本加厲。他害怕小何知道自己過去的一些所作所為，又擔心業務能力較強的小何危及他的地位。他之所以膽敢如此囂張，當然與他極盡能事的馬屁功夫密不可分。有一回他喝多透露，當年就是因為沒跟公司的主管搞好關係又人緣太差才被趕出來，如今他可是吃一次虧長一智了。不久小何就離開了這家公司，因為實在受不了那位上司的折磨。

對於「雙面人」絕不能委曲求全，否則他會變本加厲地欺負你，正所謂「人善被人欺，馬善被人騎」。

擅長挑撥離間的雙面人

在社會生活中，有許多人常常被那些愛挑撥離間的「雙面人」所困擾，這種愛挑撥離間的「雙面人」往往是無中生有地挑起一些是非，以離間他人關係為目的。他們深知「鷸蚌相爭，漁翁得利」的道理，用種種卑鄙的方法離間別人，挑起別人之間的矛盾。等到被離間者相互爭鬥時，他們便從中獲利。

挑撥離間的「雙面人」一旦與你在同一個辦公室共處，那你一定要多加小心。這樣的人如果有什麼陰謀產生，給公司帶來的殺傷力非常之大且迅速，只要一不注意或處理不當，便有可能使公司內部煙硝四起。應付這樣的人，沒有什麼好的辦法，只能防微杜漸，不讓這類人進來，或一發現就予以堅決制止、迅速遠離。否則，後果將不堪設想。

挑撥離間的「雙面人」危害甚大，與這類人共處稍有不慎就可能被捲入是非之中，而且難以全身而退，因此在與人相處時，我們一定要擦亮自己的眼睛，認清挑撥離間的真面目。挑撥離間的行為通常是伴隨著利益衝突而開始的，離間者往往是被離間者發生矛盾後的直接或間接受益者。

「他們不讓我知道這個項目就決定了，不想讓我參加，這簡直是太看不起人了，

欺人太甚。他們也太小看我的工作經驗了，再說我還給他們提供了那麼多的好建議，他們簡直是忘恩負義。」「不過，經我這麼一挑撥，我就不信他們還會彼此信任。最可笑的是，到現在小剛還覺得欠我一份人情呢！一旦他倆吵翻了，我就可以趁機找老闆讓我負責這個項目。等著瞧吧！」大介、小剛和少華同是某公司的職員，大介因為公司把年度企畫案分配給小剛和少華而十分不滿，所以，他在小剛面前挑唆小剛和少華的關係，使小剛和少華不能同心合作，在小剛和少華吵翻後，大介終於拿到他一心想拿到的項目，達到自己的目的。

讀完這個經常發生的故事，我們不由得會想，如果身邊有這樣的同事該有多可怕，一旦成為這些同事離間的目標那豈不悲慘至極了嗎？其實只要事前將那些人的面目認識清楚，我們完全可以從容應付這些愛挑撥離間的「雙面人」們。

欺上瞞下的人

在現實生活中，既有誠實的上司，也有虛偽的上司；既有大公無私的上司，也有自私自利的上司。作為下屬既要看到值得尊敬的上司，又要警惕各種危險的「雙面人」上司，欺上瞞下的上司便是「雙面人」上司的一種。他們從來都是和顏悅色，從

不威脅別人；他們善於玩弄手段，隱藏事情真相，絕不會對你、對任何人講真話。他囑咐你做事，卻不會把要你做此事的真正原因告訴你。他並不是在幫助你，而是在利用你擺脫那些他自己惹出的麻煩。

有的上司為了達到自己的目的，不惜採用一些卑鄙的手段刺探下屬的消息，然後在上級那裡做一些欺騙的彙報，作為下屬一定要識別其中的花樣，以免上當受騙。

某位上司向阿文說：「我最信任你，我想從你們幾位下屬中安排一個人來做一件工作，所以要瞭解你們幾位下屬的人品和能力。我知道你很為難，但沒有關係，在不妨害你的前提下，請你提供一些情況，我一定替你保密。」看到上司這麼誠懇，阿文就把各位下屬的優缺點客觀地向上司做了彙報。

沒想到上司卻把阿文的意見加油添醋後對宗緯說：「你對阿文要小心，雖然你們是同事，但他說你……。你千萬不能大意了。」以為受到上司的特殊關照，宗緯也把各位同事的優缺點向其一一陳述。

像這樣的「雙面人」上司，總會利用各種各樣的下屬，假裝跟你很親密，以表示自己對下屬的信任，而有些下屬自以為碰上了好上司而心懷感激，因此拼命收集情報向上級彙報。沒想到上司竟用這種方法來誘騙下屬互揭隱私，造成下屬之間的各種矛

盾，從而更有利於上司對下屬的控制。

和這樣的「雙面人」上司相處時要明白他的許多做法都是不道德、不合理的，採用的手段也是卑劣的。他讓你做什麼，你要巧於應對，先思而後行。

假如他要你做的事，你不想做，你就要設法躲避，但又不能觸怒他，以防他報復你。即使他言而無信、出爾反爾，你也要始終保持冷靜，處理相關的事要敏捷、老練。如果他搞陰謀詭計引起麻煩，那是他的問題，沒有你的事。你要變被動為主動，讓其陰謀不能得逞。如果事情的可能後果不算什麼，也可以聽之任之；但當它的危害性可能較大時，便絕不可視之為兒戲。應當從事情多個角度出發，綜合地考慮其中的利害與得失，便能夠較為明確地採取相應的方法加以防範。若此事關係公司的利益，甚至對社會都有危害，你就要挺身而出訴諸法律。

虛偽的朋友

透過朋友介紹，阿泉進了朋友所在的一家日用品公司做業務，不僅找到了工作，而且有朋友小瑞照顧，阿泉覺得自己的運氣真好！在接下來的日子裡，阿泉盡心盡責，經理也總是表揚阿泉對工作認真負責，辦事能力強。就在這時，公司決定在元旦長假期間搞個大規模促銷活動，阿泉被分在了一級戰區，這說明主管對阿泉的信任。

阿泉很高興地跑到小瑞面前，和他分享自己的快樂，誰知小瑞狠狠地瞪了阿泉一眼，冷冷地說道：「你夠有本事的呀，剛來沒幾天就把我的位置給占了，我引狼入室，真是瞎了眼。」說完就氣呼呼地離開了辦公室。阿泉呆呆地站在那裡，不明白自己究竟做錯了什麼。這時，旁邊的一位同事走到阿泉身邊，說道：「一級戰區以前一直是他負責的，你一來他就被調到其他區域了，所以他才會這樣，你別介意，好好做就行了。」阿泉笑著點了點頭，心裡卻有種說不出的滋味。

回到家，阿泉想了很久，終於決定第二天一早去找經理，要求與小瑞對調所負責的區域。但到了第二天一切又都變化了，經理把他調到了物流部，負責所有貨物的安排和調撥，這個位置顯然更好，阿泉就沒再說什麼。緊接著，他們就開始了緊張的前期協調工作。阿泉每天早上到公司簽到，然後就一整天跑商場，跑超市，協商促銷事宜。而小瑞也臨時被調到了其他辦公室，他們幾乎很難有見面的機會。阿泉就沒把之前那件事放在心上，心想，等這階段工作忙完了，再找他好好談一談也不遲。於是阿泉便全身心地投入到了工作當中。

經過努力，阿泉負責的幾家店，都同意重新備貨，進行店內促銷。但有一家賣場只同意做短期的促銷，過後不再留任何存貨。所以他們要把貨拉過去公司，未賣

出的貨物還要全部拉回賣場。但為了拓展公司產品的銷路，占據更大的市場，只得將就了。

到了最後一天，阿泉與物流組約好，等那家商場晚上九點半清空客人後，他們便開始進貨。誰知等到九點四十分依然沒見到公司的車來，阿泉趕緊往公司打電話，才得知今天負責進貨的人臨時改成了小瑞。阿泉又急忙給小瑞打電話，起初一直沒人接，直到阿泉打了十來通，才聽到對方不急不徐的聲音：「車臨時出了些故障，估計十點半才能到。」說完便掛了。起初阿泉還有些生氣，但一聽到他的說法也就只好等著了。阿泉連忙去找商場負責人，說了一肚子的好話，才勉強可以延長至十一點半，這樣精打細算，也只能剛好把貨物布置完畢。

十一點，貨終於運到。阿泉二話不說，就去幫忙搬貨，盡量爭取時間。直到把所有的貨物都搬到展場。布置好，一看表，已是晚上十一點二十五分，商場負責人示意讓他們趕快離開，但阿泉還沒有來得及核數，這時小瑞笑著向阿泉走來，說：「快，簽個字，別耽誤別人休息。」

阿泉猶豫地說道：「可是我還沒有核數啊。」

他笑著說：「不至於吧，連我都不信任，如果你不相信我的話，我可以明天一早

陪你來點，沒關係。」

阿泉趕緊說：「我不是不相信你，只是覺得應該遵守工作流程。」阿泉邊說邊在接貨單上簽上了自己的名字。

回去的路上，阿泉向小瑞解釋分配區域時的誤會，小瑞竟主動向阿泉道歉，說當時一時脾氣不太好，希望阿泉別生氣。阿泉笑了：「我們是哥兒們嘛，別這麼客氣。」這時，阿泉心裡好似有一塊石頭落了地。

元旦假期過後，休了兩天假，回來後經理就把阿泉叫去了，把進貨量與退貨量的單子以及商場銷量表都拋向了阿泉，說：「你負責的那家商場丟了五千多元的貨，你怎麼解釋？」阿泉一聽傻眼，拿起來一算果真丟了五千八百元的貨。怎麼可能會這麼多？阿泉一下子像意識到了什麼，向經理說了一句，我要去查查，便快步走出了經理辦公室。阿泉找到了小瑞，把他叫到外面。小瑞聽完阿泉的質問笑著說：「我怎麼會知道，貨是你點的，字是你簽的。」這時，阿泉已經意識到發生了什麼事情。阿泉火冒三丈，向他嚷道：「我要將此事告訴經理。」

「你告訴經理我也不怕，白紙黑字是你簽的。」說完，小瑞便轉頭回了辦公室。

阿泉思考了很久，沒有真憑實據，只得認賠。阿泉將此想法告訴了經理，經理說要考

慮一下。幾天後他告訴阿泉，他瞭解到了一些情況，不用阿泉賠了，只要阿泉今後好好工作作為補償。隨後小瑞沒有來上過班，兩個人也沒有了聯繫。

與小瑞這種「雙面人」的友誼要保持一定的距離。即便與最好的朋友共事，都要遵守工作原則和流程。

你覺得他怎麼樣？

朋友阿榮辭職了，只說做得不順心，我很納悶，阿榮進入那家公司才半年多，而且他舅舅是那個部門的經理，怎麼會讓阿榮受委屈？仔細詢問之後，才明白事情的原委。

阿榮大學畢業後，進入舅舅所在的公司，分在業務部做事，新人加入，業務部晚上設宴歡迎，酒過三巡之後，大家都有三分醉意，部門林主任脫去外衣說：「在我們這圈子，有個著名的王老虎。」林主任把眼睛瞪得像老虎似的，將一桌人掃視了一圈。

阿榮一驚，林主任說的正是自己的舅舅，心想：「林主任大概不知道，我就是他口中鼎鼎大名的王老虎的外甥。」也就裝作不認識，聽聽林主任下面要說什麼。「你

們都不知道王老虎吧？因為你們是新人。等混一陣子就知道了。」林主任一仰頭，乾了杯，眉頭一揚，眼睛又一瞪，用食指往桌子上狠狠敲了一下……「真是的！王老虎哪裡是什麼老虎，根本是王老鼠，他是空有其名、欺軟怕硬，年輕的時候，專門給上面提皮包，提出來的！」指指天花板，乾笑了幾聲，「只怕還擦過屁股呢！來來來，大家乾杯！」一桌全笑了，紛紛舉杯，只有阿榮喝得不是滋味，要不是王老虎下指令，阿榮今天也不可能坐在這兒，當然這件事只有董事長知道。

董事長跟阿榮的舅舅是小學同班同學，以前一起搗蛋，一起罰跪，現在則一起做生意。據說許多商場的小道消息，都是「王老虎」提供的，他們還打算把兩家公司合併呢！果然，吃完飯沒多久，就傳出現任總經理請辭，由王老虎接任。

「這下好了！」阿榮暗自興奮，「看你林主任，還敢不敢罵我舅舅？你要是再罵，我就去告狀。」那林主任想必也聽說了阿榮的「關係」，最近看阿榮陳的臉色都不一樣了。不過，倒非諂媚的眼神，而是一種冷冷的、恨恨的態度。

所幸王老虎很快就上任了，而且到任沒多久，就把阿榮叫了上去。阿榮接到總經理祕書的電話，真是得意萬分，故意大聲說：「是的！請告訴總經理，我馬上到。」當他走出辦公室的時候，可以感覺一屋子的同事，都在向他行注目禮。當然，還有林主任，他一定緊張死了。

「坐！」王老虎就是王老虎。就算親人，也自有那份威儀，「你來半年多了，做得怎麼樣？好好學，不要搞小圈子。」

「搞小圈子？」阿榮一愣。

「聽說你跟林主任處得不太好，他是行家，在這圈子十多年了，辦事又認真。我接管之後，好幾件事，都是他搶著辦的，又快、又好。他說你靠著我的關係，對他不太客氣，這我聽了很不高興。」王老虎滿面寒霜，「這件事用不著我跟你媽說了，你自己好自為之。以後林主任說什麼是什麼，不准唱反調！」

阿榮被罵得一頭狗血，走出總經理辦公室，正碰上林主任抱著一落卷宗進來。

「阿榮哪，」林主任故作親切，「下次我要是說錯話，你千萬要擔待，而且早早指點，我會感激不盡的！」

看完這個故事，你可能會覺得很奇怪，為什麼「說錯話」的林主任成了贏家。而那關係特殊，又有口德，沒把林主任的話，傳給自己舅舅的阿榮反而輸了。他輸在什麼地方？輸在他沒有在林主任未開口批評王老虎之前，先表明自己是王老虎的外甥。

於是，批評的人肆無忌憚地開了口，也駟馬難追地讓自己的把柄，落在阿榮的手上。

當林主任知道阿榮的「關係」之後，能不緊張嗎？他能不假設阿榮會去告狀嗎？

當阿榮告狀之後，他能不倒楣嗎？他唯一應付的方法，就是先下手為強，惡人先告狀。於是，他努力地表現，好好的巴結，再製造有意無意的機會，說阿榮跟他之間的摩擦。

林主任這樣做之後，就算阿榮再去告狀，王老虎也不會聽。因為事實擺在眼前，林主任是認真效忠的下屬，阿榮說負面的話，不但不可能產生殺傷力，只怕還要引得自己舅舅反感。因為王老虎會假設是阿榮在利用和自己的關係作威作福。就這樣，阿榮輸了！問題是，在這個社會上，我們處處看見人們演出這樣的戲。

一位妻子很可能試探地問與自己丈夫共事，卻不認識自己的人，對她丈夫的印象。從正面來看，那似乎是明察暗訪中的「暗訪」，為她丈夫做民意調查。對方如果答「好極了！」那該是多有面子的事？誰不希望知道有人在背後說自己好呢？她的丈夫日後可能對說自己好的人格外得好。只是，我們想想，如果對方說「不好」。這作妻子的要不要告訴自己丈夫？當她丈夫知道之後，是不是會加倍痛恨對方。

更要命的是，當對方知道，「她」居然是「他」的妻子時。即使作妻子的沒把事情告訴丈夫，對方也會提心吊膽，雙方的關係就變得更疏遠了。

記住，這世界上許多人會問你對第三者的看法。他的目的，可以是調查，也可

能是「套你的話」。當你發現別人來套話的時候，一個字也不能說。至於在一般閒談間，如果你發現對方要批評與你相關的人，最好的方法，就是及時把話題帶開，或暗示對方你和話題主角的「關係」。否則，對方的批評一出，如故事中的情節，許許多多的副作用就會產生了。

總之，能不傳話，最好不要傳話；能不套話，最好不要套話。能不涉入「背後的批評」，最好不要涉入。讓自己像沙灘，多大的浪來了，也是輕撫著沙灘，一波波地退去。而不要像岩石，使小小的浪，也激起高高的水花。

不要隨便背「黑鍋」

背黑鍋這件事一旦成立，無論是自己主動為朋友分憂解難，還是在朋友請求幫助下進行，其結果只能證明一個問題，那就是這個朋友並不是一個值得尊重的人。而如果是朋友設套讓別人背了黑鍋，那他的品德更是卑劣。

小東的頂頭上司蔡經理終於升為總經理了，而小東卻破產了，因為負債累累，只能東躲西藏。事實上，正是小東的負債累累換得了蔡經理的高升，整個故事的來龍去脈是：

那天，小東去銀行取款，提著錢回來，到了公司門口，下了車才發現皮包破了，錢丟了一半，天啊！整整六十萬啊！小東嚇得臉色蒼白，飛奔著跑進蔡經理的辦公室詳細彙報了情況，蔡經理沉默了一會兒說：「就當作這件事沒有發生過吧！」

「什麼意思呢？」小東不明白他話裡的意思。

他誠懇地為小東分析：「你是非常正直又認真的人，這一點我知道。你剛才所說的，大概也不是謊話，但是，公司會怎樣想呢？」

小東默不作聲、不知所以。還是沒有明白他的意思。

「公司也許會認為，這個職員說是遺失貸款，說不定是拿進自己的錢包裡。大部分人也一定會這麼認為的。」小東邊聽邊流出了冷汗。

「我是十分信任你的，我肯定不會這麼認為，但是公司一定會持這種看法。你還年輕，可以說前途無量。如果被公司懷疑了，你以後的日子怎麼過呢？我是為了你的前途啊！」

小東一下子被他的話嚇傻了，全身顫抖。

「六十萬元的確不是一筆小數目。但是，它卻換不回你的大好前途。如果我是你，就不會把這件事張揚出去，而會想辦法補足這一筆款項。」

小東咀嚼著他的話，不知不覺中覺得越來越有道理。「那傢伙說錢是被人偷走

的，其實全都放進自己的口袋裡了……」同事的指指點點宛如在耳邊。小東心想還是

依經理所說的，想辦法填補這六十萬元吧……

經理聽後，大加讚賞：「這才是最明智的做法。」然後又加上一句：「為了你的

將來，我絕對不會對任何人說。所以，你千萬也不可以對任何人提起這事。」

小東拿出了生平的積蓄，又借高利貸，才補足了丟失的貸款。後來，小東明白

了，蔡經理把這件事隱藏起來，說是為小東著想，其實完全是為自己。丟了這麼多

錢，他作為小東的上司也要負很大責任，作為工作失誤，小東當然會受到處罰，但境

況總比現在負債要好，同事也未必如經理說的那樣懷疑自己。

切不可傻傻地被那些「雙面人」們騙得說東是東，說西是西，要學會客觀地分析

前因後果，而不是被別人牽著鼻子走。

冠冕堂皇的話

某些「雙面人」上司會利用你涉世不深、頭腦中還有單純的道德觀念，唱高調以

掩蓋自己的私欲。社會心理學證明，人們在「為了社會」、「為了他人」等大義凜然

的口號面前，對於本來不可能贊同的意見也會表示贊同，而且無法反駁。

例如，職業球員要求球隊能大幅加薪，但是在回答包圍他的記者時卻總是說：

「我一點也不是只為了個人要求加薪的，只是為了提高職業足球界的年薪水準才這樣堅持……」

沒有要責怪這位球員的意思。職業球員也想努力提高年薪，本來就是理所當然的事。這裡想說的是，他並沒有公開表示這種願望，他把年薪涉及的個人問題，漂亮地用全體的問題來頂替了。因為這就變成符合人們的道德標準，不是為了個人利益，而是為了大家的利益。超越了個人的利害關係，強調社會意義的口號，人們就容易上當，而且還不好反駁。因此這種伎倆常被那些「雙面人」們用來巧妙地操縱別人。

因此你千萬別被「雙面人」的這種高調所鼓舞，一定要謹慎，千萬別盲從。一旦遇到對你唱高調的「雙面人」時，一定要小心防範、冷靜對付，否則，你就會被利用道德當武器的「雙面人」所算計。有時候，「雙面人」上司會打著為了公司和員工的利益著想的幌子詢問下屬的意見和想法，下屬也就輕易開口了，因為不是以自己的意見為前提，責任感和壓迫感減輕了，因而警戒心也鬆懈下來，無意間說出了真心話。

如果被問及：「年輕人對公司和工作有怎樣的想法？」上了圈套的下屬會侃侃答道：「覺得自己的價值較工作重要！」或是「和中年以上的上司不太合得來……」結果上司對你的評價無形中由正變成了負。

因此當上司問你類似的話時，你要能識破對方欺騙的詭計，並多加思考後再回答才是上策。

以不變應萬變

在社會生活中，我們一定要保證自己的言行正直坦蕩，在與愛挑撥離間的「雙面人」相處時，更應當如此。聽到挑撥離間的閒言碎語時不信、不傳，既要做到自重、也要實現互重。

自重是處理人際關係的基本原則，在與不同類型的人交往時，它有不同的表現形式：與比自己強的人交往，需要誠懇、虛心；與不如自己的人交往，需要謙和、平等。而和那些搬弄是非的人交往，則需要正直、坦蕩，就是我們說的對閒言碎語不信、不傳。認識事物要有正確的方法，判斷事物要有充足的依據，總歸一句話，就是看問題要全面，不人云亦云，要有自己的見解。

除了自重外，互重也是很重要的。背後議論別人是一種不道德的行為，幫助別人改正這種習慣是應該的。幫助他人改變這種「雙面人」惡習行之有效的方法是：尊重對方，以朋友式的態度，善意地規勸對方。或者巧妙地引導對方獲得正確認識事物的

方法。比如，當對方談論他人時，可以先順著對方的話語，談談這個人確實存在的缺點，然後再談談他人的長處，從而形成一個正面的結論。如果有些「雙面人」挑撥離間的惡習已經根深蒂固，那麼你就乾脆不理睬他。

我們常說「走自己的路，讓別人去說吧！」、「為人不做虧心事，半夜敲門心不慌」，只要你自己對得起良心，只要你行得正、站得直，你就不怕這種小人行徑。

另外，在應對挑撥離間的「雙面人」時，你要特別注意不要一聽到搬弄是非的話，就立即去找人對質，更不要一時性急就去找人「算帳」。這樣會使別人把你和他劃上等號，看成是沒見識的人。這樣你就恰恰中了挑撥者的奸計。

愛挑撥離間的「雙面人」總是忙來忙去地穿梭於其他人之間，今天向這個人告訴那個人的「祕密」，明天又到那個人面前造這個人的謠言。其實應對這種小人作風的「雙面人」的最好方法就是以靜制動，與他保持適當距離。

防人之心不可無

周圍的朋友裡會有妖魔鬼怪？聽起來有些聳人聽聞，其實他們就是大家常說的「雙面人」，都是衣冠楚楚、風度翩翩的正常人，並不是青面獠牙的牛頭馬面，正因

為這樣，才更危險、更可怕。

大強剛畢業時，對未來充滿了憧憬，恨不得一下子就獲得成功，所以幹起活來格外賣力。試用期過後，大強與阿衡起分到了行銷部，因為他們同年又同時進公司，所以很快成為好朋友。在工作上更是無話不談。可是沒想到，後來大強竟成為阿衡加官晉爵的墊腳石。

原來，經過一年多的友好相處，阿衡處心積慮地搜集各種「有利證據」，比如大強某月某日說老總的髮型太老土，他都會在「適當」的時刻向老總「不經意」地說漏嘴。後來當大強得知老總為什麼對自己的印象這麼差的時候，他發現自己被出賣了。儘管大強很憤怒，但經過仔細考慮，發現要和阿衡翻臉爭鬥下去實在太累了，而且在這樣一位愛聽小人讒言的老總手下做事也沒什麼意思，於是不顧家人的勸阻毅然地辭職。

這一次，初生之犢的大強對「防人之心不可無」這句話可謂大澈大悟。以後再碰到這種人，大強都會敬而遠之，而且大強也不輕易在辦公室裡談論自己或其他人的閒事了，以面再度禍從口出！

故事中阿衡這樣的「雙面人」多數都是欺軟怕硬型，如果他們做得不是太過火，你大可不必去理他們，但是適當的時候，你也可以，甚至必須反擊一下。對待

陰險型的「雙面人」，要以預防為主，處處留心，別被見縫插針。這種人對你經常採取陽奉陰違的態度，有點像披著羊皮的狼，所以不要輕信他對你的讚美，因為他在讚美你的同時，正籌劃如何利用你，笑裡藏刀啊！如果對方勢力強大又小人得志，最好敬而遠之。

第 9 章
不懂人之常情

不孝子

要是連生養自己的父母都可以置之不顧，那還會在乎什麼人呢？

能對最親的人狠心，那對陌生人呢？

在日常生活中我們隨時會遇到一些行為舉止惡劣乖張、表現不佳的親戚朋友。他們同樣也屬於不得不防的人。親情、友情都是人之常情，如果一個人的行為顯示出他在生活中處事的態度十分惡劣，那麼這種人是不能交往的。這種人往往極端自私，為達目的不擇手段，並慣於過河拆橋、落井下石，因此這種人不可交。

蘇洵所著《辨奸論》說：「凡是做事不近人情的人，很少不是大奸臣。」並且引易牙、豎刁、衛公子啟方的例子為證。而這三人是誰？春秋時代，齊桓公由於有賢相管仲的輔佐而稱霸中原。管仲病危時，齊桓公去看望他並請教說：「仲父您病了，請問您有什麼話教誨囑咐我嗎？」管仲說：「我希望你離易牙、豎刁、常之巫、衛公子這夥人遠一些。千萬不要接近他們。」

齊桓公說：「易牙賣自己兒子的肉來孝敬我，說明他愛我勝過愛自己的兒子；豎刁閹割自己來侍奉我，說明他愛我勝過愛自己的身體；衛公子啟方侍奉寡人十五年了，為了我，他父親去世他都沒去奔喪，說明他愛我勝過愛自己的父母。難道這不值得信任嗎？」管仲說：「人沒有不愛自己兒子的，人最親的莫過於父母，對兒子、對父母尚且如此情薄，又何況對他人呢？」

過了幾年，易牙、豎刁、常之巫勾結起來作亂，他們把齊桓公的宮門堵塞住，不准任何人進去，在宮外築起三丈高的牆，斷絕他的飲食，準備將他活活餓死。齊桓公臨死時流著淚嘆息道：「唉！怨我沒有聽仲父的話，仲父是聖人啊！聖人看問題往往是很深遠的。」

上述例子說明舉止有悖人之常情的人，都屬於你不得不防的人。如果這些人恰巧是你的親戚朋友或工作的同事，趁早遠離他們，否則早晚給你帶來難纏的麻煩事。

生前無人問，死後被「關注」

自私的人，他甚至可以沒有親情、沒有孝心、沒有道義。私心過重的人，令人不可理喻，難以相處。

美國羅克曼公司董事長哈桑‧歐皮爾，他的妻子在多年前過世，哈桑念及與愛妻的一番情義，一直沒有再娶。哈桑家產達千萬美元。他有兩個子女，都已成家立業，各自經營著一家公司，財產比哈桑略遜一籌，但也都在百萬美元左右。

某日老哈桑患感冒，發燒達三十九度。他住院時只有僕人和護士照顧，親朋好

友也不時去探望，但兩個子女和孫輩沒有一個人看他。他很不高興，想起老妻不禁涕淚交流。醫院裡有一位老護士密倫·肯南小姐，對他卻無微不至地關心護理，甚至在下班後也照顧他。一週後，老哈桑感動萬分，他對老護士說：「親愛的密倫·肯南小姐，你熱情的護理，關切的體貼，使我不禁想起了自己的老妻，她在世時，就是這樣關心我，我真捨不得離開你啊。請你原諒，我說到哪裡去了。」老哈桑鍾情地望著老護士。

密倫·肯南小姐是個對醫務工作非常盡責的護士，她不僅對哈桑先生如此，對其他病人也是如此。她是個老處女，年輕時，由於長得醜陋，第一次戀愛就告吹，從此她專心事業，不再談戀愛，如今已經四十九歲了。哈桑·歐皮爾病好起來後，密倫小姐扶著他走路，哈桑·歐皮爾突然深情地回過頭來對密倫·肯南說：「親愛的，嫁給我吧，我感到只有你這樣的賢妻，才能陪伴我。你嫌我老嗎？」密倫冰久的心靈有點融化了，她輕聲地說：「我長得醜，不配。」哈桑·歐皮爾忽地抱住了密倫·肯南：「親愛的，你臉雖不美，但心美，你是一個美人兒。」

就這樣，在哈桑出院的第二天，他們去教堂舉行了結婚儀式，晚上請來數百個親朋好友飲宴歡慶。舞會散後，哈桑·歐皮爾先生和新娘密倫·肯南小姐準備進入洞房，不料此時，哈桑·歐皮爾先生因高興過度突發心臟病，於當晚去世。哈桑·歐皮

爾先生的兩個兒子和孫輩全都認為哈桑死得蹊蹺，便向法院指控密倫，並不准密倫繼承哈桑的財產。

法院經過兩天的調查，出示哈桑婚前交給法院公證的一份資料，上面寫著一段話：「我知道自己朝不保夕，與密倫小姐結婚，就是為了將我全部的財產贈與給這位好心人。密倫小姐是個純潔的姑娘，她長得的確不美。我娶她，不是真的要占有她，而是要以全部的財產報答這位好心人。」這份公證資料，是哈桑・歐皮爾徵得密倫・肯南小姐同意結婚後的當天晚上，由他的總管直接送交公證部門的。因此，老哈桑財產的繼承人應該是密倫・肯南小姐。而且哈桑・歐皮爾還指定其財產不再給其他的親屬和子女，因而他的兒孫們的指控完全無效。於是，密倫・肯南小姐一夜之間成了一位喪偶的百萬女「財主」。

歐皮爾先生在病床上，沒有得到兒子的照料；在他的遺產繼承上，卻得到兒子的「關注」。如果，兒子們不是過分地自私，歐皮爾先生也不會寫下如此一份遺囑。歐皮爾先生深知自私的兒子會盯住他的遺產，才立下如此明確的遺囑。

自私心過重的人，必然會得到相應的「回報」。

不可交往的六種朋友

這兩天隨意瀏覽網站，發現了一則短文，是告訴人們不要和六種人交朋友的內容，請大家不妨看看這位作者的看法。

1. **不懂孝順者**：孝順是中華民族的傳統美德，也是一個人人品好壞的最重要標準。孝順父母、長輩是每一個有良心的人都應該做的。很難想像，一個不孝順的人會用一種真誠、寬容的心來與朋友相知相惜。

2. **大男人主義者**：上帝造人時雖然在性格、體格上讓男女些許的不同，但是毫無疑問，男女在實際生活中的地位應當是平等的。大男人主義者片面強調了自己作為男人的一些體格上的優勢，對女子的優點視而不見，他們相信只有男子才是這個世界的主宰者，而女人充其量只是一種配角。他們把女人看作是操持家務的主婦、出外遊玩的玩伴。大男人主義者所體現出來的深層次人品是：非平等主義，或者叫歧視主義。表面上是對女子的歧視，引申下去就是對民族、種族不平等的歧視態度。剖析其內心，我們可以知道，其實導致大男人主義產生的根源是大男人主義者內心的自卑感。

3. **一心為錢者**：現實生活是一個既實在又無奈的社會，我們之中絕大多數人工作的最大目的還是為了謀生。錢對於我們來說是一個很重的字眼。但是我們並不一定要把

「錢」這個字眼時時掛在嘴邊。不是要標榜自己有多純潔或有多「脫俗」，但是如果要跟一個嘴邊常常掛著「錢」，一心為錢的人交朋友，會變得勢利。金錢只是人謀生所必須的，除此之外，錢一無是處，把錢看得過重，就意味著會把人世間其他美好的親情、友情、愛情看輕。試問，這樣的「朋友」，有誰願意與之真心往來？

4. 外遇者：婚姻是愛情最美好且圓滿的結局與回歸。和自己傾心相愛的人真心相守地共度一生是許許多多青年男女共同的追求。可是從現實中我們可以發現，許多婚姻都存在著外遇的現象。外遇者雖然不能說是道德敗壞者，但是至少可以說是道德涵養不高的一類人。

5. 「貶低別人，抬高自己」者：實踐調查中，我們可以發現，現實生活中往往存在著這樣一種人：他們往往不會放棄任何一個時機來打擊別人，借貶低別人來抬高自己。他們自身往往是沒自信的一族。心理學原理告訴我們：人的個體如果對本身沒自信，容易導致在現實生活與人相處時產生自卑心理（這種自卑心理往往不為這類人本身所覺察，有很強的隱蔽性），由此便產生了「貶低別人以抬高自己」的想法。

6. 口口聲聲「愛國」主義者：這類人往往滿口的大道理，其實心裡極為自私，須知：真正愛國的人是不會張口閉口言愛國的。這一類人往往是虛偽的一群人。

作者把不孝順的人，列為第一種不能交的朋友，的確可以看出「不孝子」是不夠信任的，他們這種人沒有資格做你的朋友。

孝順是一種美德

孝順父母，是中華民族的傳統美德，尊敬長輩，贍養老人，不僅是報答養育的深恩，也是一種義不容辭的社會責任。

孝道自古有孝、順二義，孝易順難。順有當順不當順之別，設事悖於理，情不洽眾，子女不能拂然而去，還需婉轉進言，使老人煥然釋懷，欣然認同，斯為正格，這也是一種孝道。宋儒謂「天下無不是的父母」，事實上家庭失和與許多不幸事故的產生，父母的偏執亦為其原因，值得人們虛心省察。至於孝養之道，一為養其體，二為養其志。養其體是生活上的照顧要周到，養其志是要子女承志繼烈，光耀門楣，對社會國家有所貢獻，兩者都有交代，才是無愧於孝道，很值得年輕人深思。

古語說「孝為百行先」、「求忠臣必於孝子之門」這些話反映了中華民族，歷來都以「是否孝順父母」作為道德評價的重要標準。試問，一個連自己父母都不孝順不扶養的人，難道能會關心他人，會熱愛社會，會全心全意為國家服務嗎？

第 10 章
重利不重情

忘恩負義的沒良心

不管你曾經對他付出了多少，他都不會放在心上，但
只要是有利於他的事，他隨時都會可以犧牲你，連眼
睛都不眨一下。

六個兄弟的故事

「君子愛財，取之有道」。但有人則不在乎「道義」，只要錢能到手就行，在他們的心目中，「道義」丟了無所謂，「錢財」丟了可受不了。所以，他們不管錢是怎麼得到的，得到了就死也不放手，根本不考慮會不會失去自己的德行品格。

有一王姓人家，兄弟六人，家境貧寒，衣食清苦。六兄弟個個倔強努力，奮發圖強，為擺脫貧困的命運歷盡辛勞。在剛剛允許個人經商做買賣的年代，王老三不辭勞苦，天南地北的出外打工，賺了一些苦力錢，王老五見了很羨慕，為了自己也能立業賺錢，就跟三哥說盡好話，借了數萬元，買了一輛小摩托車跑買賣，並說定一年後還清。一年到期後，三哥正等著用這筆錢娶媳婦，向他要錢，老五卻罵三哥不講道理，他不還錢是有理的，向他討債是沒理的。於是兩個人幾年不說話，積怨日深，一直耿耿於懷。

脖子一歪說道：「沒有錢，你能怎麼樣？」三哥沒辦法，只好認裁，媳婦也娶不上了，四十幾歲還單身。而王老五則到處宣揚三哥的不是，把三哥埋怨得很差勁，好像他不還錢是有理的，向他討債是沒理的。

這個時候，王老二在一家公司上班，王老五找上門去，請求二哥託人教他製作糕點的技術，二哥和二嫂出面，幫他找了一位有名的師傅，並無償供他學習期間的食宿

開銷，數月以後，技術學成了，他回到老家開了一家小店，並從僱用的女職員中討了個媳婦，既成了家，又立了業，話頭話尾不時流露一些對二哥與二嫂的感激之情。

小店做起來後，王老五讓王老六為他做起了多年沒有薪水的員工，然後又到二哥家借走價值上萬元的木材，製作了必需的工作器具，同時又到一家雜貨店賒來麵粉數千公斤，答應貸款隔月償還。這樣一弄，事業很快經營起來了，產品賣出去後換來大把的鈔票，王老五手頭寬了，變得一日比一日瀟灑。但他卻欠著別人的木材錢和麵粉錢不還，一找到他要帳時，他就千般抵賴，苦窮苦短，拖欠不還，搞得債權人和他不歡而散，不樂而終。而他自己在財物上卻狠占了一回便宜。

兩年後，事業因經營不善倒閉了，王老五又變成了一個窮光蛋，正值此時，大哥遠在千里之外上班，表現良好，賺了不少錢，王老五聽說後，投奔過去，對大哥使勁奉承，大哥念及兄弟情義，讓王老五爭得了一份差事。半年後，王老五回到老家，竭力鼓吹自己能耐，如何幫大哥賺了很多錢，彷彿大哥的錢是他幫忙賺到的，而他自己的錢是憑能力賺來的，言下之意，是大哥不如他好，不如他的能耐。在一些不知情者的心目中，他的臉上頗光彩了一回。

此後，王老五閒不住，到處活動攀關係，又找到了一個開商店賺錢的門路，但苦於本錢不足，開店的願望遲遲無法實現。王老五心眼活絡，又去找大哥，好話說盡，

把大哥說動了心，決定借他幾十萬元開商店的本錢，王老五信誓旦旦地答應一年後肯定還清。一年後，商店賺了錢，但為了擴大商店規模，他依然押下大哥的錢不還，大哥向他索要，他還振振有詞地辯解，說大哥這人沒有兄弟情義，到處說大哥的壞話，散布大哥的謠言，壞大哥的事情，搞得兄弟形同陌路，而他自己又不檢點，吃喝嫖賭，無所不為。幾年後，商店的錢花光了，他在經濟上又支撐不下去了。

但他運氣好，此時正趕上四哥在外面闖蕩賺了些錢，王老五無路可走，就厚臉皮地向四哥套交情，請求到四哥那兒謀個差事做，當時四哥的事業做得正紅，一面賺錢，一面還能天南地北的遊玩。但四哥知道這位兄弟太貪財，不願叫他過來一起做事，已請了一個老實人。王老五聽說後暗中找到這位老實人做了點手腳，讓老實人放棄這份已經說好的差事。接著，王老五三番兩次打電話，說是只要讓他來做，月薪給個二萬五千元就行。四哥心軟，就答應了他。

王老五到四哥門下後，不到兩個月中，就騙了四哥幾萬元，而且四哥發現他每當從客戶那裡得到錢，他的眼神就放出了異彩，四哥這才知道他這位弟弟被生活逼得心理不健康了，對錢的心態變得極不正常。如不留意，時刻都有因錢妄為的危險。而且，每當說到開四萬元的月薪，並每年遞漲五千元的待遇時，他眼睛發紅、嫌少，不再像當初來時那樣說「月薪給個二萬五千元就行」的話了。四哥見他如此貪財和心懷

不軌，決定辭退他。而王老五呢，哭天抹淚，又要朝四哥借錢以維持商店生計，四哥念及兄弟情分，慷慨解囊，借給他數萬元，他眉開眼笑，一口答應隨要隨還，並簽了契約，四哥又寬限他一年後還清即可。誰知錢到手後他並未滿足，張口閉口還要借更多的錢。四哥也有難處，不便再多借給他。但沒想到他這個人財迷心竅，不再借錢就反唇相譏、反目成仇，到處說四哥的壞話，而且還拿當初四哥念及他是兄弟才好心透露給他的事業機密當作攻擊四哥的把柄和武器，喪心病狂地進行威脅和恐嚇，不但不還錢，還聲言要用向四哥借來的幾萬元僱人加害四哥，對四哥四嫂像瘋狗一樣亂咬亂罵，把兄弟情義糟蹋得一塌糊塗。

與前幾次向另外幾個兄弟借錢借物的情景一樣，他到處無理狡辯，把借給他錢的人說得一無是處，把他借錢不還說得渾身有理，而且還玩弄心計，編造假象，胡攪蠻纏，把四哥的月薪四萬元說成是二萬元，把從四哥門下做一個月零三天的工作說成是四個月，以此混淆視聽，亂人耳目，以便為從借款中訛錢財、敲竹槓編造理由，真正知情的人都覺得王老五這個人利令智昏，恩將仇報，為了錢財德行喪盡，手段用絕，人性掃地，心腸卑鄙，惡毒有餘而良知不足。對這種道道地地「沒良心」的人，只能揭穿他，不能讓他再到外面說話佯裝正人君子，背後辦事當小人。自從他失信失義失德的「沒良心」嘴臉被揭穿後，人們再也不敢輕易與他打交

道了，以前曾與他友好相處的人也都處處防著他，深怕再被他的花言巧語所打動，擔心再被他騙走什麼，這樣做人做事，怎麼還能與別人友好相處呢？

後來人們總結道，王老五這個人搞到手的不義之財，一是靠騙，即花言巧語騙取好感，然後張口借錢借物；二是靠坑，把借到手的錢物據為己有，找藉口不還，坑害幫助過他的人。他從每一個兄弟身上都狠狠實實地削下一刀肉，肥了自己之後，招搖過市顯闊，一面用不義之財吃喝嫖賭，一面欠帳抵賴，非但不還錢，還要挖空心思編造各種不實之詞，製造不還錢有理、催欠帳不仁的假像，真是「滿嘴仁義道德，滿腹男盜女娼」。這種人在當今社會並不罕見，他們的共同特點是表面上給人的好印象，才使一些方，很講信譽，而且能說擅道，善於交際，正是這些表面上看似正派、大善良的人受騙上當。一旦他們的假面具被揭穿之後，他們也就不再有交際市場了。

奪取航線

重利的沒良心者往往會捨棄道義和良知，沒有人情味，只有經濟上的成敗得失。

這種人，詭計多端，不擇手段，人們在與他們相處時，都要存有防範心理。

十九世紀四〇年代末，在太平洋沿岸的美國加利福尼亞州發現了金礦。這一消息

傳開後，很快在美國和歐洲大陸出現了黃金熱。這些歐洲人大多是在紐約登陸的。因為當時美國還沒有連通太平洋到大西洋的鐵路，巴拿馬運河也還沒有建成，所以前往舊金山的人往往要坐輪船繞道南美的最南端。

一位叫范德比的商人看到這是一個發財的機會，決心開闢一條通過尼加拉瓜的航線，讓人們走近路直達舊金山。他親自到尼加拉瓜四處活動遊說，最終和當時的總統查庫羅簽訂了一項祕密協定，規定凡從尼加拉瓜過境的船隻均由范德比負責。從此，范德比在這條航線上賺了好幾百萬美元。

此事引起了一位叫華爾克的人的注意。華爾克眼看老范德比靠這條航線，將大把大把的錢財流入口袋，自己從商好幾年卻一直沒有太大成績，十分嫉妒，決心把這條航線奪過來，據為己有。一來可以靠這條航線賺錢，二來還可減少自己所有黃金採購公司的運輸成本。奪取一筆小生意好辦，奪取一條航線談何容易。老范德比從商幾十年，可謂沙場老手，和他鬥需要動一番心思。華爾克想：老傢伙在國內政界、商界頗有影響，保鏢成群，搞得不好不僅達不到目的，反而會身敗名裂。思來想去，華爾克想出了一個計謀。他決心設法把老范德比引誘出國，然後乘其不備下手。

他首先用重金收買范德比的私人醫生。某一天，醫生對老范德比說：「您最近身體狀況不太好，可能是勞累過度，建議您去法國休養半年或更長一些時間，否則，您

的心臟會有危險。」為了使老范德比下決心出國休養，他還用錢收買了經常與范德比有來往的一些夫人和太太們，讓她們給范德比的妻子、女兒和媳婦規勸說：「您家老先生面色不好，心臟又不太好，不如到外國去休息一陣子，美國的氣候太差了，再這樣下去，恐怕會有生命危險。法國的巴黎最適合他這樣的老人休養。」家人一聽十分著急，一天催他三、四遍，要他出去休養。

俗話說：「三人成虎」。老范德比本來身體沒什麼大毛病，自我感覺也挺好，但經不住許多人勸說，自己也懷疑身體是否真的不行，於是便起身到巴黎休養去了。老范德比一走，華爾克立即採取行動。他用船裝了幾百名打手和滿船的軍火前往尼加拉瓜，登陸後，與事先聯繫好的尼加拉瓜內奸裡應外合，以迅雷不及掩耳之勢，攻占了尼加拉瓜首都，直搗查庫羅總統官邸，威逼查庫羅總統修改協定，讓他主宰航線，查庫羅總統一氣之下，心臟病發作，當即死亡。華爾克立即扶持了一個尼加拉瓜人當總統，他自任尼加拉瓜軍隊總司令，控制了政權。不久，尼加拉瓜新政府宣布取消原政府和范德比的協定。但當事實真相被披露後，人們對華爾克的為人心存戒備，都不敢放心地與他交往共事。

交朋友的方法

在紛繁的大千世界，人是形形色色的，選擇朋友不是一件易事。「萬兩黃金容易得，知心一個也難求」的老話，是舊時人們表明交友之難的箴言。但是不是因此就要少交朋友了呢？或者一再強調交友的審慎，就認為這個人也不可靠，那個人也信不過呢？

當然不是，既然是社會人，處在各種社會關係之中，交友是必然的，不但要有生死與共、患難不移的朋友，也要善於和有各種各樣缺點錯誤、甚至是反對自己的人交朋友。既要廣泛交友，又要審慎選擇，如何做到這一點呢？正如魯迅先生曾經說過的：「我還有不少幾十年的老朋友，要點就在彼此略小節而取其大。」略小節，取其大，就是不斤斤計較不足，而要從大處著眼。看人首先看大節，不是盯住對方的缺點錯誤不放，而是用發展的、變化的觀點看人。如果不是略其小，取其大，就不能與人為善，無法全面、客觀地評價一個人，而可能一葉障目，不識泰山，將朋友推開，因此得不到真正的友誼。那該如何選擇朋友呢？建議你：

1. 以時間看人：想瞭解一個人，並非一蹴可幾，需要長期觀察相處，才能漸漸有想法。人在見面之初，通常會給人留下不錯的第一印象，但可別就以這印象來評定一個

人，或許是偽裝、忍耐的表面功夫，也可能真是你看見的樣子。唯有長時間觀察、相處，才可能知曉一二，即俗話所說的「路遙知馬力，日久見人心」。

2. 向各方打聽：

瞭解朋友，另一個比較可靠的辦法是向各方打聽。人總是要和其他人交往，同時本性也會暴露在不相干的第三者面前，也就是說，他不一定認識第三者，可是第三者卻知道他的存在，並且觀察了他的思想和行為。人再怎麼戴假面具，沒有舞臺和對方的時候，這假面具總是要拿下來的，所以很多人就會看到了他的真面目。而當他和別人交往、合作時，別人也會對他留下各種不同的印象。

你可以向不同的人打聽，探問他的為人、做事、思想。每個人的答案都會有出入，這是因為向各人好惡有所不同之故。你最好把這些打聽來的資訊彙聚在一起，找出交集多和次數多的地方，那麼大概就可以瞭解這個人的真性情，而交集最多的地方，差不多也就是這個人性格的主要特色了。如果十個人中有九個說他「好」，那麼你就要小心了；如果十個人中有九個說他「壞」，那麼和他往來應該不會有問題。不過打聽也要看對象，向他的好友打聽，當然都是好話，向他的「敵人」打聽，你聽到的壞話當然就多。最好能多問一些人，不一定非要是他的朋友，同事、同學、鄰居都可以問，重要的是，要把問到的資訊綜合起來，不可光聽某個人的話。

當然，打聽也要有技巧，問得太白，會引起對方的戒心，不會告訴你實話，最好

用聊天的方式，並且拐彎抹角地套話。這種技巧需要磨練，不是三兩天可以學到的。

你也可以看看對方交往的都是哪些人。人們常說「物以類聚」，因為他們價值觀相近，所以才湊得起來。性情耿直者就和投機取巧的人合不來，喜歡酒色財氣的人也絕對不會跟自律甚嚴的人成為好友。所以觀察一個人的交友情況，大概就可以知道這個人的性情了。

除了交友情況，也可以打聽他在家裡的情形，看他對待父母、兄弟姐妹如何，對待鄰居又如何。如果你得到的是負面的答案，那麼這個人你必須小心，因為對待至親都不好了，他怎可能對你好呢？若對你好，絕對是另有所圖。

如果他已結婚生子，那麼也可以看看他如何對待妻子兒女，對待妻子兒女若不好，這種人也必須提防。若你觀察的是女子，也可觀察她對待先生孩子的態度，這些道理都是一樣的。

唯「你」是圖還是唯「利」是圖

白先生既沒有學歷，也沒有財力，更沒有人事背景，但是他卻能成為一個成功的企業家。他到底是如何成功的呢？他是一個很會體貼他人的人，他對周圍人的體貼，甚至超過了別人的需求。只要你說要去他家玩，他都會萬分的歡迎你，希望你能住幾

天。就算他是多麼的拮据，內心多麼的苦惱，他都好像隨時在等你的來臨，竭誠地來接待你，甚至在你回去的時候，還要給你帶些小禮物、土產之類的。無論是多麼繁忙，他都不會表現出你的來訪對他是一種麻煩。朋友問他何以如此，他說：「像我這樣一無所有的人，如果要與別人來往，就不能不令對方感到和我來往，會得到某些方面的愉快與益處。」

事實上，以前的他是既沒有學歷，又沒有金錢，更沒有背景的人。他是一直忍耐著寂寞的人生，努力奮鬥，度過那段日子。也就在那段時間裡學到了與人交往之道，又給別人某些方面的利益。所謂「某些方面的利益」，有時是精神方面，有時是物質方面，總之，別人得不到益處，是不會來主動接觸你的。

另外一個例子，是出身名門的「富家子弟」，他也想要能成功地做出某些事情。但是，當他與別人來往的時候，他首先就會考慮這個人對自己有何利用的價值。也許與這個人交往，以後向銀行貸款時，會比較容易，也許與這個人做朋友，他會教給自己致富之道，也許這個人會將土地廉價出售給我，也許會將辦公室借給我，也許……。如此這般，對周圍的人懷著期待之心，認為與自己接觸的人，都會帶給自己某些利益。

這兩個人與人交往時的態度，實在是南轅北轍，完全不同，一個是奉獻給別人某

方面的利益，不然別人是不會與他來往；另一個則是認為與自己來往的人，可能會帶給自己某方面的利益。人只有在自己的欲求獲得滿足之下，才會與別人交往，每一個人都有排除孤獨的欲求，也都害怕孤獨的吞噬。因此，「與別人來往」這件事情對孤獨的人來說，能滿足他的欲求，也可以說與別人來往這件事，對於孤獨的人來說，有很大意義。

我們與周圍朋友相處要像第一位一樣，能夠交到這樣的朋友實在是三生有幸，但是對於第二種人，我們最好還是不要理他們吧！

面對奚落下屬的上司

奚落下屬的上司通常會在以下兩種情況下發揮他的嘲笑才能，從而使下屬感到十分難堪：「發現下屬的短處時」與「下屬取得突出成績時」。

奚落下屬的上司總認為自己很高明：「這些下屬實在是無可救藥，但這個部門又離不開他們。我懂得管理的藝術，既批評他們，又不使他們感到太受委屈。我想，幽默的嘲諷是最好的解決方式。」

通常情況下，喜歡奚落他人的上司，都有自己的某種動機。不是針對你的短處進行貶低，就是對你的長處進行嘲諷。他自己的表現就像是舞臺上的喜劇演員，除非你

指出這樣做不合適。否則，他一直會認為貶低和嘲諷是一種不錯的發洩不滿的辦法。

奚落下屬的上司，通過對你的奚落已經向你明確地傳達了某種資訊。這時，你的反應應該是請上司坦率、直接地告訴你他的要求和條件。

最好的解決辦法是：

1. 找時間與上司私下交談： 開門見山地承認那些奚落令你很不舒服，你想消除彼此間的誤會。切記不要批評上司奚落你。你要就事論事，哪裡對、哪裡不對，清清楚楚、明明白白。

2. 請上司直言不諱： 坦然對待所有善意、建設性的批評。不找任何理由為自己開脫，要認真聽，並且保證改進。

會講心事的朋友

朋友之間相處的時間可能比家人之間相處的時間還要長，因此互相幫助是免不了的，而且它有利於朋友之間關係融洽，但是並不是幫助越多越熱情越好，很多時候好心反而對方不會領情。

當很多同學還在為工作發愁的時候，小葉已經安然坐在這家大公司的某個方格裡

開始他的職業生涯，他受寵若驚而又異常興奮，正是懷著對力薦他的頂頭上司十二萬分的感恩之心到新部門報到的。

小葉認真地工作，對同事很熱情，相應地，大家對他的評價也不錯。小葉心裡想：公司並不像大家說的那麼複雜呀，起碼我待的這個組裡人情味還挺濃的。因為覺得同事們都很好，小葉也盡力幫助別人，比如說，幫劉大姐影印資料（經常花上半小時），幫小吳做計畫書的封面設計，每當別人說「謝謝」的時候，他感到美好。到後來，小葉甚至幫上司去接他在幼稚園的寶貝兒子，有時候他也覺得彆扭，但是他總是不好意思拒絕別人，他們對小葉真的很好呀。再說，對他來說，拒絕別人是比做這些小事更麻煩的事，算了，算了，也是偶爾為之，小葉總是這樣安慰自己。

直到有一天，小葉無意中聽到另一部門的人說到自己。「那個新來的小葉呀，很有心機。」「你覺得他很會巴結主管？」……沒想到辛辛苦苦的工作竟換來這樣的評價，小葉簡直氣炸了。

還有一件事更讓小葉懊悔：他們組裡有個女孩，他們處得非常好，工作上常能保持意見一致。他們的友情也不斷深化，發展到了各自的私交圈，對方的男女朋友也都十分熟悉。她有時會和小葉的女朋友一起逛逛街，小葉和她男朋友偶爾也會打打球。有時四個人還坐在一起搓麻將，公司裡的其他同事都特別羨慕他們。

但這種融洽的關係卻在有一天出現了難以彌合的裂痕，起因是公司裡新來的副總經理。女孩從見到他第一眼起，就很不自然，副總經理也是，兩人坐在那裡，並不說話，卻有種微妙的氣氛。下班時，女孩突然「消失」了，平常他們都是一同坐車回家的，即便臨時有事，也會先打個招呼。小葉問了門口的管理員，說她和副總經理一起出去了。

第二天，女孩紅腫著眼睛來上班。下班回家的時候，沒等小葉問，她就主動解釋：副總經理是她的大學同學，他們曾經談過戀愛，後來因為副總經理畢業後去了美國成家立業，兩人也就斷了往來。副總經理在美國的婚姻最後以離婚收場，現在回國後再見到女孩，有了和她復合的想法。說著說著，女孩忍不住掉起眼淚來。小葉和這個女孩子就這個事情作了親密的交談，但是沒想到，自從那次之後，女孩和他漸漸疏遠，也許是後悔讓他知道了這個祕密。但從此之後，她開始在同事間散播小葉做事常常偷懶、完不成的任務都要她幫他頂著的謠言。

上面的故事可能會引起很多人的深思。千萬不要和這種「沒良心」有過密的交往，因為你對他知根知底，所以一旦風向有變，你立刻就會成為他的頭號防範對象。你同情他，說不定他轉眼間就會為別人的傷心史，能不聽就別聽，更不要濫施情感。你同情他，說不定他轉眼間就會為自己的一時脆弱而後悔，甚至轉而恨起你來。

讓員工背黑鍋的老闆

「沒良心」上司總愛把自己的過失轉嫁到下屬的頭上，對於他來說，至關緊要的是要保住自己的職位。甚至他們會利用職務之便，以權謀私，從事非法交易，出於自己的安全考慮以及能夠逃避法律責任，他覺得有必要抓住某個人替他受過，因此你可能就成了他的犧牲品。

嫁禍於人的「沒良心」上司經常是趁你還沒有弄明白事情的真相時，便劈頭蓋臉地批評你一頓，先給你一個下馬威，讓你一時不知從什麼地方下手去爭辯，同時混淆視聽，轉移大家的視線，給別人造成一種任何錯誤都是下屬做的錯覺。無疑，你成了無辜的受害者。而真正的過失者可能就是他本人。然而，現實不容作爭辯，他已經給你判了罪。應對嫁禍於人的「沒良心」上司，你要勇於申辯，千萬不能做他的代罪羔羊。你要根據他所犯錯誤的大小，分以下兩種情況加以應對：

首先，如果是一些十分嚴重的惡性事故，或是造成較大的經濟損失或政治影響，則不管如何，都應該據理為自己申辯，這裡已經不存在情面與技巧的問題。如果你仍然顧全上司的面子而把責任都往自己身上攬，其後果是不堪設想的。

其次，涉及觸犯國家法律的事情時，也應該毫不留情地、實事求是地進行有力的

申辯。以有力的事實向公司證明你的能力和忠於職守，並揭露那些心術不正的上司的種種詭計，否則，你只能吃悶虧。在這種情況下，如果你還要為上司掩飾，則只能是害了自己。而且，在法律面前，誰也不可能保護你，也不要寄望於那些虛假的承諾。

當然，如果是無關痛癢、無足輕重的小問題，替上司背一次黑鍋也無妨，或許他會找機會回報你呢！

利益考驗友情

自古商人重利輕義。雖然義和利都是我們所追求和崇信的，但它們之間常常變成魚與熊掌的關係。於是，就出現了眾多捨義取利的「沒良心」。

「如果你想失去一個朋友，你就借錢給他。」有人如此說。即使是有感情基礎的朋友，也會在利益面前受一定的考驗。利益，使人際的天秤容易失衡。

大飛最近幾年做建材生意發跡了。在同學聚會中，他出手闊綽、出盡風頭，並拍著胸脯說：「大家同學一場，有什麼事情只要說一聲，包在我身上。」

阿筑剛買了一塊土地，打算蓋房子。想起大飛的「鄭重承諾」，也就打電話過去打聽打聽。大飛很熱情地說：「老同學嘛，這點忙非幫不可！非幫不可！」

阿筑對於建材原本就很外行，他也懶得去瞭解，想必同學之間應該不會欺騙吧。

事實上，施工人員及別的專業人士一致認為他所採購的建材價格高於市場價，且品質也是二流的。阿筑非常氣憤地去找大飛，大飛卻陪著笑臉說：「怎麼會呢？怎麼會呢？」

「商場無父子」，父子之情尚且如此，朋友之情值多少錢呢？利益，有時使得人與人之間的關係變得混沌模糊，甚至汙濁不堪。

第 11 章
職場性騷擾

辦公室裡的色狼

披著精美的外衣的色狼，擁有汙穢的心靈，會對你造成傷害，學著保護好自己和遠離他們是第一要件。

貪圖美色是古今相通的事

我們身邊的朋友，常常是各種不同類型的人：性子急的、個性慢的；有的吃軟、有的不怕硬；有人喜歡甜的、有人喜歡酸的，等等不一。但如果你的朋友是個好色之徒，那你一定要注意了，說不定哪天他會做出什麼錯事來，也許會讓你跟著倒楣。

好色，真的是一個容易讓人犯錯誤的毛病，所謂「英雄難過美人關」，有多少本來堂堂正正的男子漢都因為貪圖紅顏，而犯下滔天大禍。

明崇禎七年，薊遼總都洪承疇在松山戰敗被俘，為了籠絡人心，清帝皇太極派人勸降，但洪自視為大明忠臣，寧死不降，數日不食，使皇太極大傷腦筋。一天皇太極因無計可施，無精打采地回宮休息，莊妃博爾濟吉特氏問：「國主大敗明軍，震驚天下，為什麼長吁短嘆起來？」

皇太極將勸降洪承疇的策略說了一遍，然後嘆道：「我想征服中原，還想招降明朝將領，無奈這洪蠻子軟硬不吃。」

「他愛吃哪口，給哪口，還會有不降的傻瓜。」莊妃說。

皇太極頻頻搖頭道：「什麼都用過了，他越來越硬。」

「死也不怕？」莊妃似乎不信了。

「這倒不見得。」皇太極說，「我派范先生去勸他，說盡厲害，他都不為所動。不過范先生說，在他與洪承疇談話時，洪幾次拂去落在衣袖上的灰來看，他並非不貪生，只是一時我們找不出更好的辦法來。」聽了皇太極一席話，莊妃開始建議怎樣降洪之策，並開始詢問洪的身世、脾氣和愛好，當聽說洪最愛美色後，微微一笑，請求自己去試一試，皇太極答應了。

皇太極對洪承疇是很禮遇的，雖是俘虜，卻奉為上賓，因為他要收服洪承疇，而洪承疇則表示誓死不肯降清。連日的輪番勸降，已讓洪承疇感到異常疲憊和惱火，他壓抑住內心的不快，盤坐在床上，設想自己的結局。而這個時候，莊妃來到了他的面前。

莊妃攜了一個壺，獨自走到禁閉廳，見洪承疇已閉目養神，一副凜然不可侵犯的神態，乃細聲問：「此位是洪將軍嗎？」嬌滴滴的聲音猶如出谷的黃鶯。洪承疇是個英雄，什麼威逼和利誘，都毫不動心，唯獨對於聲音婉轉，噯氣如蘭的女人特別敏感，不知不覺地把眼張開，咦！怎麼有這樣一個美人兒來了？

莊妃本來就是個美女，此來又特意地打扮了一番，就顯得更加美麗動人。洪承疇乃正色問：「你是什麼人？誰請你來的？有什麼事？」

莊妃深施一禮說：「洪將軍，我知道你是忠心耿耿的大忠臣，佩服你，可是你死

都不懼，還怕我一女子嗎？」說時嫣然一笑。

聰明的莊妃看了看洪承疇，接著說：「你且不要問，我此來是一片好心，想拯救你脫離苦海！」她既莊重，又嫵媚地說。

「什麼？你拯救我？想勸我投降？我心如鐵石，請閉嘴！」洪承疇說完，就開始猶豫了。此時聰明的莊妃看出他已動搖了，又用話挑釁他：「決志殉國，將軍可謂忠貞不二，無愧臣節。但在我看來，確是笨得可以。」

「什麼，照你所說，難道失節投降，反是英雄好漢？」

「將軍，不是我說你，你身為國家棟樑，明朝對你的希望正殷，這樣輕輕一死，得了一個虛譽，究竟對國家有何補益呢？如果是我的話，會忍辱一時，漸圖恢復，所謂忍辱負重，伺機報君，方不負明帝重託、百姓仰望。斷不會這般輕生，效匹夫匹婦所為！不過壯士各有志，勉強不得。」

洪承疇雖然等死，但血脈格外暢通，此時見莊妃如此，既醉其美貌，又服其見識，因此心中志忑，莫知所之，牙齒開始發酸，欲火已冒上了眉尖。這時莊妃又說：「將軍死後，有什麼話要轉告家人否？我兩人既然相遇，亦是一段緣分，我無論如何有此傳遞的責任！」

洪承疇聽說，眼淚都流出來了，她再掏出香帕來，迎身靠過去替他拭淚：「將

軍，不要傷心，看把衣服弄濕了。唉！我也捨不得你這樣離去的！」

一陣脂香粉氣，美色嬌態，襲擊而來。洪承疇這時已欲火旺熾，把死置諸腦後，一把將她摟住，說：「就是死在牡丹花下，做鬼也風流！」於是一個貧賤、威武不屈的英雄豪傑，不裹屍於戰場之上，殉節於刀鋸之下，竟栓縛於裙帶之中。天明，這位曾經為萬民景仰，饗過大明國祭的經略大臣、將軍洪承疇已入朝參見清太宗了。

不要上船就不怕暈船

和一個花心的人談戀愛，能有結果當然是好事，大家都替你高興；但如果以失敗告終，周圍的人也許就會謠傳出各種各樣關於你的離奇故事，給你造成無形的壓力，使你與你從前的戀人相遇時都覺得尷尬，最終以兩人的分離而告終。所以很多人有意避免這種愛情。

小愛大學畢業後進了一家跨國公司在臺分公司做祕書，經理是耶魯畢業的MBA，長得很清秀，三十多歲了還沒結婚。因為小愛和他同在一個辦公室辦公，而公司的事情也不是太多，所以經常聊天，話題自然越扯越遠。其實小愛知道他除了有女朋友外，身邊還有其他女孩子，對女人很花心。但是小愛並沒有想和他進一步交

往，就只是默默喜歡他，希望每天能看到他，對他好，他也說挺喜歡小愛的。

後來小愛由於某些原因和公司一個同事鬧彆扭，回到辦公室眼淚就掉下來了，這時他趁小愛不注意時吻了小愛，小愛發現自己真的很喜歡他，竟然沒有怪他太輕浮。

他邊撫摸小愛的背邊開導小愛，使小愛最後破涕為笑，這時他趁小愛不注意時吻了小愛，小愛發現自己真的很喜歡他，竟然沒有怪他太輕浮。

接下來的長假，他很頻繁地打電話給小愛，甚至還告知他的去向，當時小愛也沒想太多。上班以後他突然問小愛想不想他，還問小愛為什麼不打電話給他，最後他還問小愛做他的女朋友好嗎？這是小愛沒想到的事，雖然小愛知道他很花心，但小愛就是喜歡他，所以小愛答應了，小愛就和他談起了所謂的辦公室戀情，沒人知道的戀愛。

開始時小愛真的很開心，但後來他花心的毛病令小愛好幾次都很生氣，也一個人哭過好幾次，但是每次他都很誠懇地跟小愛道歉，哄小愛開心……。直到春節，他就只給小愛打了幾個電話，小愛以為他應酬沒時間，也就沒怎麼在意。節後上班他對小愛的態度卻很冷淡，有些事也不和小愛講了，對於過年的事一個字也不提。小愛是一個很敏感的人，感覺他不像以前那樣關心自己的情緒了，小愛覺得他不再喜歡自己了（可能他從頭到尾就沒喜歡過小愛），他還說小愛不夠體貼。

有一次，小愛公司的一個女同事偶然知道，原來他過年的時候，認識了一個女孩

對付騷擾要直接

好色的上司經常會打異性下屬的主意，常常會給下屬帶來無端的煩惱。他可能會要求你與他尋歡作樂，把人推向可怕的桃色事件漩渦。

子，並且已經和她發生了關係。一星期裡很多天都去她家過夜，買了手機給她用，買昂貴的化妝品給她，而且陪她過情人節，他是被迷住了。小愛當天回去以後大哭一場，一夜沒有睡著，小愛沒想到他會對那個女人那麼好，而對小愛卻吝嗇得連一起過情人節都不肯。

輾轉反側，想了一夜，小愛終於明白，他本身就是很花心的人，江山易改，本性難移。和自己交往後還背著自己去和別的女孩在一起，卻仍然騙自己他沒有空。其實他從來就沒真正喜歡過自己，小愛決定盡早地離開他。剛分手的時候肯定會很痛苦，但是長痛不如短痛，時間可以沖淡很多東西。

切記不要暈船。如果你和花心帥哥僅止於花前月下約會幾次，而你們其中一人已打算中止戀情，你們仍可以恢復成普通朋友的關係而不致於有太大的副作用；但如果你們一開始就已經纏綿悱惻，那麼想不受他的影響，就沒那麼容易了。

一位剛剛應聘到某公司的周小姐分享自己的經歷。她說，她是一個天生麗質的女人，從小到大不知受過多少人的讚美，也不知得到了多少女人羨慕的目光。自己也曾不只一次為自己的美貌而自豪。可是最近她越來越為自己的美麗而苦惱。前段時間，她連續應聘了兩家公司，也不知是湊巧讓她遇到了兩個好色男人，還是她的美麗惹的禍，上班沒多久，上司就對她開始有了非分之想。她是個已婚的女人，每天要在外面應對這種「色」男人，真是煩透了。

有的職場女性還經常碰到這樣一種情形：上司突然有一天緊緊握住你的手，並滿含深情地注視你……，這些都是好色上司對下屬有非分之想的表現，有很多女性聲稱這種不受歡迎的進攻是「令人尷尬」、「粗俗的」或「欺負人的」。據有關資料顯示性騷擾問題日趨嚴重，現在已有針對性騷擾的談話節目在媒體上播放。被騷擾的下屬，特別是女性下屬，大部分採取迴避逃跑的方式。當然，其中還有別的因素：害怕、驚慌，習慣了被性騷擾，不好意思或怕醜，不知可以做什麼及覺得於事無補、怕麻煩等。一個職業女性遭受性騷擾後在心理、情緒、健康等方面受到的損傷是不可忽視的。

假如上司詢問，要和你兩人單獨約會，你不必以道德價值去評斷他的行為，只需婉轉地告訴他你已經有對象了。這種拒絕不會使他反感。

對付異性，正確的做法是要積極爭取同事及家人的支持，不必因為害怕失去同事信任或惹來取笑和歧視，而默默忍受騷擾。

通常那些無恥之徒自己都會心虛，怕被大家得知，若他知道你在公司有很多朋友及同事支持，便不敢貿然打你的主意。因此，最重要的是你能在辦公室內建立團結、合作及信任的關係與工作氣氛，便能廣泛獲得同事的支援。有了這麼多同事的支持，一個聰明的女下屬不應像傳統的女性那樣，被男人多看一眼就如臨大敵，更不用說面對好色的上司，她應該能對一般的情況加以應對：可以完全不動聲色，帶著一本正經的表情抽出自己的手，然後談完該談的事情平靜地轉身離去。此後的幾天，無論你們曾經多麼的熟悉，都要給他一個極其禮貌和客氣的笑容，然後就像一切從來沒發生過。這樣的漂亮女下屬，無論是精明的上司，還是昏頭的上司，他們都怕，因為摸不著底細。

如果好色上司對你圖謀不軌，你要堅定地拒絕，並明確表示你的不滿，當有人第一次主動要與你有親熱接觸時，你可以說：「我不喜歡你做的事！」第二次則說：「這是你第二次談論這種事情，我不喜歡，也不感興趣，我要你馬上停止！」第三次：「我已經一再地告訴過你了。這是最後一次我對你說『不』！」

你如果膽子小，指望著他能主動退出這場遊戲，就大錯特錯了。你的遷就只會讓

他壓抑的「色心」順理成章變成了「色膽」。一般情況下，如果那個男人真的對你有情，他就不會太絕情，基本上是不會對你做出打擊或報復的事情。如果原本就是一時興起的糾纏，他更不會用心太久。所以猶猶豫豫、半推半就，只會給自己的將來留下隨時爆炸的炸彈。

掌握拒絕的藝術

當上司頻頻邀你外出的時候，即使他真的沒有非分之想，那你也要小心注意，因為這往往是使你們以後產生不尋常關係的前奏。

卡拉在一家規模很大的醫藥公司做銷售。這是一份極具挑戰性的工作，無論是在與人的溝通、對專業知識的掌握、對市場的把握上，還是在體力的支配上，都要經歷不同尋常的考驗。卡拉常常是幾個小時前還在回客戶電話，幾個小時後就飛到別的城市了。在公司，每個人的銷售業績都是公開的，當你總是達不到公司定額的時候，你會感到有一種無形的壓力。當你承受不了這種壓力時，也就是你該離開公司的時候。

所以卡拉做得很賣力，業績一直節節攀升，因此大受頂頭上司、銷售部經理的青睞。

卡拉剛進公司時，就碰上了一個相當重要的國外大客戶。談判一開始，對方就拿一些國際慣例跟她談。由於雙方文化背景、思維方式、運作方法的不同，談判很快進

入了僵局。但是卡拉絕不輕言放棄，她一遍又一遍地研究對方的資料，挖掘對方的弱點，用自己的認真和敬業來感化對方，一星期下來，談判終於成功了。卡拉也欣然接受了老闆出去吃飯的邀請：「我當時的心情真可以用眉飛色舞來形容。在上司面前也顧不上矜持。吃過飯，他邀我去跳舞，我也毫不猶豫地答應了。」

以後老闆便經常請卡拉吃飯、泡酒吧、打保齡球、桌球，多半是藉口慶祝卡拉的出色表現和業績。有時卡拉並不想去，但看到他那誠懇的眼神，又想想他是自己的上司，卡拉就不好意思再拒絕。而老闆每次出差都會給她帶回一些別緻的小禮物，這當然逃不過外人的眼睛。一來二去，難免有人在背後議論卡拉和她的上司，這其中不乏對卡拉的出色表現心懷妒忌者。老闆聽後淡淡一笑，卡拉卻苦惱不已：相戀兩年的男友聽到傳聞後深信不疑（卡拉時常因為和上司的應酬晚歸和失約）。他揣測好強的卡拉一定是利用了上司才做出那麼好的成績的。任憑卡拉怎麼解釋他也聽不進去。而老闆眼神裡的曖昧也是讓卡拉一想起來就煩惱。

其實，在公司裡這是一種普遍現象，許多人，不論男性女性都可能會遇到這種情況，那怎麼辦呢？要學會拒絕，要掌握說「不」的藝術。

微笑是最好的回答。當你遇到一個需要立即表示否定的問題時，微笑是說「不」的最好方式。張小姐的上司約她去吃晚餐，張小姐沒有直接回答，只是微笑著欲言又

止狀。「你有約會啦？」上司揣測地問。張小姐微笑著點點頭。「喔，真對不起！」

雙方在微笑的氣氛中完成了問答，並沒有留下令人尷尬的印象。

「幽默」是說不的絕妙方式。美惠是一位活潑可愛的女孩，很受大家的喜愛。在一個月色迷人的夜晚，兩人坐在露天咖啡館的圓桌旁，品嚐著濃香沁人的咖啡，上司突然雙手握住美惠的手，激動地說：「你願意做我的女朋友嗎？」美惠馬上反應過來，淺淺地一笑說：「我難道不是你的『女朋友』嗎？」上司驚訝不解地望著她，美惠說：「我們是朋友，而我又是女孩子，我當然是你的『女朋友』啦！」上司立即明白了美惠話裡的含意，放開她的手說：「是喔，你就是我的『女朋友』。」

不論性別為何，記住不管是什麼時候都要有自己的原則，工作中應該學會服從上司的安排，但其他方面更要學會以誠相待，不卑不亢。拒絕上司並非一定是壞事，許多時候能讓上司發現你的成熟矜持和個人尊嚴，讓他對你產生敬重，也有助於抬高你在他心中的地位。

遇到好色主管

好色的上司常常會給下屬帶來煩惱：他可能會要求你為他向太太隱瞞事實，若是

同性，他可能會邀請你與他同流合污，一同作樂；若是異性，更糟糕的是他要打你的壞主意。要應付這種上司，你不能對他大義凜然地加以斥責，除非你準備辭職不幹。

小安原來在一家大公司的總經理辦公室當祕書，老闆是個事業有成的男人，白手起家，做到現在資產有好幾個億。但是個色狼，以擁有女人為榮。當然，小安一開始不知道，可是公司好幾個和小安年齡不相上下的女人都受過他的侮辱。當然，她們當中忍氣吞聲留下來的人，有的得到了高收入、別墅、汽車，還有的現在已經成了部門經理。

剛開始他對小安很關心，小安以為老闆平易近人，還慶幸遇到了個好老闆，後來時間長了，小安覺得他對自己越來越親暱。有時他出差，給小安帶香水、化妝品，偷偷給小安的時候，還說一些曖昧的話。小安心裡明白，有些東西能要，有些東西是不能要的，所以小安總是保持距離。小安經常從他帶回來的禮物當中挑最便宜的一樣，剩下的讓他給他太太或者送給別人。小安明白老闆所謂對員工的「感情投資」是什麼，但是，說到底那也就是一種工作關係，沒有別的摻雜。

有一天，他們加班到很晚，他非要送小安回家。路上，又說要到酒吧去喝一杯，小安不好意思拒絕一起去了。結果，那天他說了很多曖昧的話。小安那時候還不知道他的為人根本就是很輕浮、很不負責任。小安還特別矜持，說什麼「保持良好的合作關係」之類的，希望他「不要胡思亂想」。當時，如果小安知道他本身就是一個不把

身邊女性當人的男人，小安早就賞他巴掌了。上司喝了酒就開始對小安毛手毛腳，小安一直躲閃。

那天，小安是被他送回家的。在小安家樓下，他突然使勁抱住小安，親小安的臉，小安使勁推他。結果，這一幕被來找小安的男友看見了。小安說不清楚，小安說什麼男友都不信，男友認為他那麼有錢，又是小安的老闆，認定小安和那個男人有關係。小安過了一段非常痛苦的日子。男友不信任，老闆又不斷地騷擾小安。他經常在半夜裡打給小安，不管誰接，他就說他想小安，讓小安去找他。好幾次被男友聽見，小安對男友就更沒法解釋了。

小安曾經去找老闆據理力爭，他說：「我怎麼了？誰不知道我們要好？不然，我一個老闆，出國為什麼給你帶禮物？」小安求他，請他別騷擾自己了，他說：「你為什麼不理我？我對你那麼好，還得不到你，你要我怎麼辦？」世界上有沒有這麼壞的人？小安確實見識到了。

最後小安辭職，相戀五年的男友也分手了。不過，小安並不後悔，沒有什麼能讓小安放棄自己的尊嚴。人活在世界上憑的是什麼？小安覺得是憑一口正氣。

從一開始小安就該意識到上司有意騷擾，那時就必須明確表示自己的態度，告訴他：「我很尊重您，請您也尊重我！」「我一直將您當作我的長輩一樣看待，請您自

重！」而不該妥協，那樣就等於縱容，以致日後惹來更大的麻煩。只要不拍桌離去，絕大多數上司是會知難而退的。

表明自己的態度就行了。事後面對上司時也應該裝作若無其事，做到這一步，絕大多數上司是會知難而退的。

面對言語騷擾

曾經被「開黃腔」騷擾的朋友，可能或多或少會感到心情煩躁、噁心，嚴重者會有強烈的羞愧感與自責心理。這對我們的心理健康是很不利的。本來被騷擾者由於「騷擾事件」，心理上產生極度的憤怒情緒，這股巨大的能量如不能釋放，留存在內心，勢必會對自己造成傷害，逐漸形成「我是不好的」等自卑心理。一定要及時找一個安全環境，或知心朋友傾訴，將壓力盡可能釋放來保持心靈健康。積極應對才是對付這種人的最佳心態。

不知從什麼時候開始，一股「葷風」漸漸浸淫了我們的生活。從最初的委婉含蓄，發展到後來的赤裸露骨；從最初的茶餘飯後，發展到後來的餐桌、辦公室；現在，連手機訊息都難逃厄運。

我們部門的阿豐就是一個典型，他經常色瞇瞇地混在女同事之間，對女同事說些

下三流的「黃腔」，口水經常是飛流直下三千尺。被他「開黃腔」過的女同事都對他咬牙切齒，無一不想狠狠地對他踩上一腳，無奈此人臉皮厚得另人吃驚。

剛休完產假第一天回來上班的蓉姐在午休時興奮地說著她家的小公主，幾個未婚的女孩子也圍著她七嘴八舌：「蓉姐，身材沒有走樣，保持得不錯喔⋯⋯」一群女人湊在一起，討論孩子或生產之類的話題。

阿豐嬉皮笑臉地向她們靠近：「都在說什麼啦，是不是在我背後說壞話？咦，蓉姐，那麼快就放完產假啦？」邊說著，阿豐的雙眼就賊溜溜地在蓉姐身上來回掃射。

最後，他的雙眼停留在蓉姐豐滿的胸部上。

「蓉姐，有沒有用母乳餵嬰啊？很有營養的喔。」阿豐似笑非笑地看著蓉姐的胸部說。

蓉姐瞪著雙眼說：「當然有，難道你媽不是用母乳餵養你？」

「呃，我都忘了。」阿豐訕訕地笑了，隨即又說，「有母乳餵嬰真好啊，不過，蓉姐，可要當心地心引力哪！你們這些正妹也是，女人最害怕的就是地心引力呀！」

阿豐放肆且又裝得毫不在意地看了在場每一個女孩的胸口。

一個女孩早已看不慣他的一貫行徑，只是苦於沒有機會，現在機會終於來了⋯

「喲，就只女人害怕，你阿豐作為男人就該得意了是嗎？」邊說邊用眼斜盯著阿豐的

褲襠，「我說阿豐啊，該注意地心引力的還是你們男人啊，這可關乎家族繁衍問題呢！姐妹們，你們說是不是啊？」隨即哄堂一笑，阿豐的臉青一陣白一陣的。

有一隻手舉起來，是一向文弱的小儀，她以讓在場的人聽得到的聲音作怯弱狀地問：「不好意思，阿豐，我有個小小的問題想問。」

「嗯，你說吧，阿豐，我一向對好學的正妹有好感，我言無不盡。」對阿豐來說，此時正是解開尷尬的大好時機，順便賣弄一下才華。

「我想問地心引力對人體會有影響嗎？它的作用功率是多大呢？是否受地球磁場的干擾？跟體重是否成正比？不知跟年齡是否有關係？」小儀一手拿筆記本，一手執筆，準備作記錄。

阿豐愣了，站在那裡，沒想到小儀竟然問這樣的問題。（我怎麼知道，早知道今天就不該說什麼地心引力）各位美女，我忽然想起要去見經理，時間到了，我得先走了。」阿豐說著就想抬腳走人，被站在他旁邊的蓉姐抓住。

「阿豐，來，坐下。」蓉姐把阿豐按在椅子上，用雙手搭著他的肩膀。「蓉姐跟你說幾句話，聽了你再上經理那兒去。」

「蓉姐，你請說吧。」阿豐哭喪著臉。

蓉姐語重心長地說：「阿豐呀，要記住，今天蓉姐跟你說的關乎到你的人生大事

甚至也關係到國家大事。日後娶了老婆，要計劃生育的時候不只要考慮優生學，還要當心地心引力。」蓉姐拍拍阿豐的肩膀，「去吧！」

哈哈哈……同事們都笑彎了腰，阿豐灰頭土臉地溜了。此後，阿豐再也不敢在女同事間隨便開黃腔了。

這邊告訴大家幾招中止「開黃腔」騷擾及事後處理的對策：

1. **忍忍氣吞聲，應勇敢面對、主動揭發：**很多類似的被騷擾者在遭遇騷擾時，因為擔心丟臉等因素，比較容易採取容忍、息事寧人的做法，而這樣姑息養奸，只會進一步助長騷擾者的行為。實際上，騷擾者的心理是軟弱的，只要稍稍給一點「顏色」，正面警告、向主管報告、或報警，對方基本上會收斂行為。

2. **用「空椅法」將憤怒還給騷擾者：**被騷擾者最安全的方式，是用「空椅子」方法發洩內心憤怒、釋放壓力。做法很簡單：選擇在家裡，或安全的地方，先用兩個枕頭或墊子代表騷擾你的人，然後想像被騷擾時的畫面、情緒、感覺，等待這些情感（憤怒、羞愧感）升起時，對著空墊子怒吼、手掐、擊打，直到心中怨氣發完為止。隨時若有屈辱或憤怒感產生，及時重複上述做法，這種方式能較好的釋放壓力，保護自己。

3. **加入「反騷擾」支持團體：**現在，各個國家都有許多支持「保護心理健康」的成

長團體，在團體裡，成員間彼此交流、傾訴、分享、成長。實際上，在我們的生活圈裡，也可建立或加入「反騷擾」聯盟，一群有著被各種形式騷擾的同仁，共同面對被騷擾後的心理困擾，學習增強自我價值的方法。更重要的是，這個團體能發揮影響力，防患於未然，給更多的弱勢個人及團體成長的力量與智慧！

「黃賤」口香糖

幾乎每一個人的身邊都免不了會出現一兩個以開黃腔為樂的「黃人」，就像隨處亂吐的口香糖。這就是社會眾生裡令人討厭的人種：「黃賤口香糖」。

安迪是一位未婚男，卻是辦公室裡公認的「黃賤口香糖」，因為他經常在大家面前肆無忌憚地「開黃腔」，而且最讓人難以忍受的是他好像有無窮盡的「黃腔」可講，從不重複。只要你一不小心觸到了他記憶的某個「興奮點」，他可以滔滔不絕地順嘴一路「溜」下去，並自認為非常「經典和幽默」。

小清還沒有結婚，當然忍受不了異性如此赤裸裸的「黃色幽默」。每每善意提醒他，沒想到給他一句惱人的話硬生生頂了回來：「你們臉紅什麼呀，一個個都是未婚青年享受已婚待遇……」想跟他翻臉，怕傷了同事間的和氣；不吵，難道真的要這樣

面紅耳赤地一直聽下去？

欣儀是個漂亮且有氣質的女上司，給人的感覺特別舒服，但她有一次居然帶頭說了好幾個「黃腔」，當時在場的下屬真的很尷尬，覺得這麼美麗、這麼「陽春白雪」的人怎麼會開黃腔。時間久了，小清對「黃腔」越來越反感，心裡想著為什麼他們都對開黃腔這麼有興趣呢？不就是針對人的某些敏感和隱私的部位尋開心嘛！說來說去，就那麼點破事，無聊。

怎麼對付「開黃腔」呢？下面是一些朋友的建議。

1. 勇敢的抗爭： 正因為「開黃腔」時有熱心聽眾，所以像小清這樣的反對者一直處於弱勢。但是有時弱勢聯合起來也能形成力量。不久前，一位男同事從國外度假回來，帶回一籮筐的「黃腔」。他在別的辦公室「炫耀」時博得哄堂大笑，當到另外一邊時，應者寥寥，他很知趣，只講了一個便離去了。

2. 區別對待： 如果對方並非心存惡意，那就不必看得過重，大可一笑了之或乾脆「點破」，使之無以為繼。但如果對方是故意甚至惡意在某些場合營造一種「腐化」氣氛，從挑逗到「吃豆腐」，甚至嚴重到性騷擾的地步，那這種葷笑話的性質就完全改變了。對他們，我們就應該理直氣壯地抵制、抗議直至追究責任。

3. 小心「黃腔」陷阱： 如果再碰上無禮的人大開「黃腔」，聽不明白之處千萬不能

問；要是講的人開口提問，也千萬別接話，這算是一種被動的自我保護吧！

4. 善用銳利的武器「眼光」：飯桌上有人大剌剌地講著「黃腔」，因為他年紀大、互相又不太熟，在場的小姐一時面紅耳赤，他倒是更起勁了。但如果在場的小姐用眼光緊緊盯著他，這一招挺管用，最後他竟然有些訕訕地住了口。這樣做，既反了「黃腔」，又不傷感情。

5. 以毒攻毒：上司講起「黃腔」就像抽煙一樣上癮，我們在被動吸煙的同時，還得被迫聽他講「黃腔」。有時可以半開玩笑地對他說：「這裡有小姑娘，你少放毒好嗎？」然而，上司偏偏喜歡小女孩在場時散布色情笑話。這時可以對他講大家都匪夷所思的一段話，例如「這大概是一個很毒的『黃腔』吧！」上司也會連稱「買帳」。以後，每次他的色情笑話剛開頭，就可以被你篡改成制服他的「黃腔」，他終於投降了，不敢再胡言亂語。

對待開口閉口充滿顏色的人

有種人心地不壞，有時還樂於助人，但就是愛討言語便宜。說話絕不沾半個黃字，但卻有意無意著「顏色」。讓人哭笑不得，又著實討厭。

我曾經認識一位男性，五十來歲，看上去就讓人覺得是個溫和忠厚的長者，能力也很強，而且樂於助人，平時工作上有問題向他請教，總是能得到滿意的答覆。但就有一個毛病，看見女同事（特別是美女）眼睛就會發亮，整天滿嘴黃腔，有個女同事小玉就來氣，見小玉容易惱，他更是老愛逗小玉，對他狠也不行，不狠也不行。

有一天他到小玉桌上借插頭幫手機充電（每人桌上都有插座），並對她說：「我插到你那兒了，你那兒空著也是空著……」

小玉軟語相求：「我很尊重你，把你當老大哥看，請你以後不要再當人面講那些話了。」

旁邊的人一個勁地暗笑，小玉氣壞了，又不好意思不讓他充電。辦公室沒人時插到你那兒了，你那兒空著也是空著……

他嬉皮笑臉地說：「好好，不當人講，私下講行吧？」好不容易嘴巴乾淨了一天，到了快下班時又湊上來了：「喂，我今天一天什麼也沒講吧？」搞得人哭笑不得。

部門要舉辦一個大型活動，小玉為了工作和他多談了一點，他又藉機說：「我幫你有什麼好處？這回一定要兌現了吧？」小玉真想臭罵他一頓，但畢竟是同事，抬頭不見低頭見的，不好翻臉。有一天小玉對辦公室的一位女同事講了這事，她說：「你

不要回應他，你一回應他更得意，碰到這種男人，只要有一次叫他下不了臺，他就老實了。」

不久，收拾他的機會來了，但不是小玉，是那位女同事開黃腔，不知怎麼說到了脫衣服，本來就很潑辣的女同事拍著桌子說：「你先脫！脫一件我給你一千塊！你脫呀！」說著將十張千元大鈔摔在桌上，那老傢伙經這一下驚了，這天可真是大快人心呀！

今年過年他打電話來給小玉拜年，小玉當然還是高興，只是不知道是不是黃鼠狼給雞拜年。小玉時時擔心這人會升為自己的頂頭上司，到那天她只有遞辭呈一途了。因為一旦他手上有了權力，只怕黃腔就不僅僅是說說而已了。

有沒有一種既有效又含蓄的辦法對付這樣的人呢？建議大家用如下的方法來對付那些靠開黃色玩笑打發上班時光的男人。

1. 裝傻：他們說他們的，你不理睬，但臉上可以帶點寬容的微笑，不必板著臉。這一方面可以體現你的修養，一方面可以表示絲毫不接受暗示。

2. 微慍：不管是在職場上或社交場合，也不論男女，開黃腔都是令人不舒服的行為。在他們說的過程中，巧妙地罵上幾句，或者說「不要臉」、「不像話」，先好言相勸，不要發火。

3. 還擊： 遇到特別令人討厭的男人，可以毫不留情地進行還擊，不必有所顧慮。正如一些女人所說，只要有一次讓他下不了臺，他就老實了。對那些屢教不改的，可以在辦公室的牆上貼張「生活公約」，讓大家來共同監督。

絕不忍氣吞聲

不論男女身處社會，面對性騷擾和不平等的待遇絕不能退避，也不能忍氣吞聲，這樣做就是縱容那些人對你的無禮侵犯。我們能做的就是反抗，學會做個壞人或做個野蠻人。

年底，小雪被公司調往美國分公司，做銷售經理。由於分公司是剛剛設立的，所以工作不多，很清閒，人也不多，所以小雪心想在那裡工作應該很容易。可是小雪錯了，因為女人在社會中通常比男人多了一個麻煩。

美國分公司就只由兩個部門組成：行銷部、財務部，小雪作為行銷部的銷售經理來到分公司，主要的工作就是規範行銷部管理。分公司的人不多，除了小雪以外，都是男同事，而且基本上是市場行銷人員，都是需要經常出差，所以常常是小雪自己在辦公室裡。財務部經理三十多歲，一直沒能找到女朋友，在公司裡是出名

的「見誰都瘋」，哪個女孩子和他多說兩句話他就以為人家喜歡他，就會展開追求攻勢，所以小雪為了不使他誤會盡量避免和他談工作以外的事。但是小雪這種敬而遠之的方法卻讓他很生氣，他開始向小雪的頂頭上司告小雪的狀，說小雪不配合他的工作。經理找小雪談話，說小雪作為不同部門的員工其實不便於過多涉及財務部的工作，主要是和他們溝通就好了，平時沒事的時候和他們多聊聊天。經理不瞭解情況，小雪也不便於講明。

當天晚上財務部經理就打電話給小雪進行「溝通」。小雪不冷不熱地聽著他說，他開始說這麼大歲數了還沒有交過女友，然後就開始對小雪說他找小姐的經過，還詳細地描述細節，小雪忍無可忍掛掉電話。以後他晚上經常打來電話，小雪都藉口有事匆匆地掛掉了。

原本小雪以為他就此放棄，沒想到他跑到總公司告小雪的狀，還是講小雪不配合他的工作。小雪在總公司工作的朋友告訴小雪他去告狀了，小雪並沒有在意。小雪想再蠢的上司也應該瞭解一下雙方的情況，不能憑一面之詞就作判斷。而出乎小雪的意料，總公司的主管根本沒有瞭解事情原委，直接就讓小雪留職停薪。小雪很吃驚，第二天小雪就衝到總公司進行申訴。而這個行銷部總監剛被提升，正想把各分公司的負責人換成自己人，所以根本不聽小雪的辯解。這個時候小雪的一位老同事，人力資

源部總監希望小雪能過去幫他工作，小雪考慮到在行銷部沒有前途了，便答應並且開始辦手續。

當小雪把換部門的申請拿給行銷部總監簽字的時候，他一下子就惱火了，說小雪目中無人、不等著行銷部給小雪安排工作。其實小雪不是他的人，所以他根本沒想給小雪安排，就是想讓小雪求他，再給小雪一個打擊。他認定小雪是個不聽話的下屬，所以想把小雪擠出公司。但是他沒想到小雪能去人力資源部，所以他一下子就惱火了，他讓小雪不是回美國分公司等待處理，就是請假，反正不許小雪留在總公司。這時小雪仍然屬於行銷部，所以他仍是小雪的頂頭上司。但小雪再也不想回美國分公司了，小雪無法忍受那種性騷擾。無奈之下，小雪找老總反映情況。

當老總找行銷部總監談話以後，他衝到小雪的辦公室，對小雪大吼大叫，說：「你不聽我的，去找他發薪水吧。」並且通知財務部停發小雪的工資。那段日子對小雪來說就像噩夢，開始只是因為小雪不能忍受性騷擾，採取了消極迴避的方式，但是小雪的退讓卻讓自己在以後據理力爭的時候失去了有力的證據。然後當小雪再為不公平的待遇力爭的時候又碰到了一個獨斷專橫的總監，使小雪的辯解與換部門的迴避在他眼裡變成了反抗與作對。幸好總經理沒有偏聽偏信，最終給小雪換了部門。

小雪心想做人還是要寬容一些，所以每次再碰到原來的總監，小雪都會禮貌地打

個招呼，可是他在多數的時候都是環視左右，假裝沒看見，從小雪身邊走過。

害怕被炒魷魚或得罪人是大部分的人在遇到性騷擾之後，敢怒不敢言或長期忍受屈辱的一大原因。可以謀生的地方和部門很多，不要害怕因保護自己而得罪了某人，從此之後就會衣食無著。而對方只要不是一個良知盡失、不可救藥的惡棍，應該也還會有一定的廉恥心。所以當異性老闆或同事對你進行性騷擾時，你可以故意稱讚對方的人品，來誘使對方發現良知，不好意思再滑向壞人的邊緣。藉此喚起對方的愧疚感，自覺中止不好的行為。也可以利用法律手段。當你無法擺脫對方的糾纏，或對方的性騷擾已對你產生了嚴重的傷害時，你應該當機立斷，向司法、工會、婦聯等職能部門投訴。使欺負你的傢伙得到應有的懲罰，同時也為自己討一個公道。切忌不可一味地忍辱負重，這樣只能讓那些不法分子繼續胡作非為，傷害其他員工。

第 12 章
猜不透的情緒

沉默寡言的邊緣人

永遠都不知道邊緣人在想些什麼，也永遠都不知道他
要做些什麼。他們散發負能量，讓人感覺到沉悶與生
活的絕望。

讓人難以接近的邊緣人

和性格沉悶的「邊緣人」在一起，人們總會感到沉悶和壓力。有時候儘管他們對某一件事情特別關心，但從不願主動開口說話，讓周圍的人難以交流感情。有些人為了活躍氣氛，打破這種「一切盡在無言中」的局面，故意找話題說。對於沉悶性格的「邊緣人」來說，他們的回答會非常簡單，讓話題難以展開。因為他們更習慣於沉默寡言，有時則出於某種心事而不願多言。在這種情況下，別人大都不願去破壞對方的心境，讓其保持一種內心選擇的存在方式，只會引起對方的反感和厭惡，以至於他們不願意和你在一起。相反，你如果故意地沒話找話，並拼命地想方設法與對方交談，只會引起對方的反感和厭惡，以至於他們不願意和你在一起。

性格沉悶的「邊緣人」，總希望別人與他們交往時更有耐心和細心，但一般人很難做到，因為不擅交流，別人很難知道他的興趣，很難找到共同語言。時間長了，他那被封閉的心理漸漸凍結了，觀念也變得有些殘缺，因而在與人相處時就更顯得格格不入，令人感到不可思議，有時甚至被視為「怪物」，於是人們常常用異樣的眼光去看他，他的眼光也同樣變得異樣了。性格沉悶的「邊緣人」大都具有較明顯的「閉鎖心理」，他們既苦於無人知曉自己的心事，又不情願讓人真正知曉自己的心事。

陪伴不善表達的人

吳先生結婚三年，兒子也兩歲了，但他生性不愛說話，想在妻子和朋友面前做一個頂天立地的男子漢，但又不得不面對他那咨齒而囉嗦的妻子。

這天，他看中了一臺新發售的平板電腦，想買一臺，妻子竟當著眾人的面，不但沒有「批准」，還把他狠狠地挖苦了一番。他覺得這樣活著實在太窩囊，回到家找了一瓶農藥想服毒自殺。雖然他感到死亡的可怕，可是心裡的委屈又無法抹去，他既恨妻子，又捨不得妻子，又覺得沒臉這樣活下去。最後他一狠心打開農藥喝了兩大口。

當他喝下農藥的那一刻，卻又不想死了。他想到墳墓裡的陰森可怕，想到人死不能復生，想到妻子平時的優點，想到可愛的兒子，想到養育他的母親，他難受得心如刀割，於是他痛苦地大聲喊叫。被妻子發現後趕緊送醫搶救，最後他被搶救回來了，這是不幸中的大幸。事後人們不禁要問，有什麼樣的委屈不能訴，卻非要用這種的方法了結自己的一生呢？為什麼他不向妻子訴說自己的苦衷？與妻子溝通思想互相諒解呢？為什麼他不能向朋友說說他的尷尬處境？朋友的真誠規勸或善意的玩笑也許會化解他一時的感情衝動。自己生悶氣，以至最後選擇了一條不歸路，實在是不明智之舉。舉此事例，是想傳達，有苦惱應該吐出來。

為什麼性格沉悶容易導致了人生的悲劇？性格開朗的人，很容易獲得其他人的相伴、相助。然而，性格沉悶的「邊緣人」，卻讓人感覺很難走進他的生活。即使很真誠地想幫助他，卻往往難以交流。當然，沉悶的人也會有談得來的朋友。因為他們更善於思考，從不輕言，不盲從，遇到問題常常要問一個為什麼。他們偏愛與珍重形象的現身說法。當你毫不隱諱地分享出自己內心的想法時，性格沉悶的「邊緣人」或許也會向你傾吐內心私事的。

內心與現實的世界

小玲就讀高中一年級，隨著青春期的到來，她慢慢地產生了擺脫父母的心理，開始有了自己的書房和小書桌，每天偷偷地寫日記，藏在抽屜中，不讓媽媽看。她希望用自己的內心去體驗世界，可是當她面對紛繁的現實世界，繁雜的人際關係以及沉重的學習壓力，小玲內心又感到一股不安全感。於是，她開始變得孤僻，害怕人際交往，在心中產生一種沒來由的封閉心理。她渴望與同學進行交往，羨慕其他同學快快樂樂，無憂無慮地參加社團活動，但她又害怕主動與別人交往，會抱怨別人對她不理解、不接納。

性格沉悶，有時與年齡階段有關係，是一種特殊年齡階段的生理和心理存在狀態。

小玲的這種表現特徵在心理學上稱為閉鎖心理，即一種與外界隔絕、孤單寂寞、沉悶壓抑的孤獨心理。產生孤獨心理的原因與她的年齡有關，青少年到了自我覺醒的年齡，會覺得自己長大了，在心中需要有獨立的空間，不容外人侵擾。但由於現實與心理上需求不相適應，使得有些青少年開始遠離人群，從而轉向與自己的內心進行交流。另外，青少年由於正處於人生觀形成期，他們對生活、事物開始有了分析、判斷能力，也有是非觀念、審美概念、自尊心理。因而，有些青少年會擔心與人交往時受到傷害，乾脆就將外界封閉起來。

失戀或受過挫折的人，可能會變得抑鬱寡歡、沉默少言。總之，性格沉悶的人如果不打破沉悶，學會交流，會較難在社會上獲得良好的人際關係。

遇上容易否定一切的人

否定一切的「邊緣人」之所以在相處時能夠讓別人感受到壓力，是因為他們善於引發每一個人對所處狀況的失望及無力感。每當我們感覺局面遠非自己所能控制時，我們也只好任由擺布了。如果說人生往往都得「聽天由命」，似乎並非言過其實。當

別人把狀況的否定事實指了出來，我們除了感到憤怒及無助之外，剩餘的大概就是洩氣了。

若要瞭解永遠保持否定看法的「邊緣人」，先決條件便是必須意識到這種人並非對於每一項計畫都刻意地加以阻撓。事實上，他們已深信阻礙的力量絕非自己或任何人所能匹敵。

否定一切的「邊緣人」，其觀念與抱怨者頗有雷同之處，他們均認為自己無力掌握自身的命運一無論是自然或人為的力量，都沒有人能夠與命運抗衡。就我們大多數的人而言，經常認為自己總有某些足以改變自己人生的力量，有時甚至認為力量強大。但是否定一切的「邊緣人」卻對自己的能力缺乏信心，他們除了期望別人來解圍之外，往往只有期望命運對他們能夠仁慈一些，而不付出努力。

如果他們認為有能力改變一切的人不能信賴，或根本無法有所作為，那麼他們所能做的唯有怒氣橫生及否定一切而已，但是他們不會像抱怨者般經常埋怨他人，這正是二者間的不同之處。總之，這種難纏之人之所以無法從事較具建設性的行動，完全是基於長久以來的失望所致。

這種情形就如同父母與子女間的關係，為人子女者儘管非自願，卻不得不承認一項事實，我們的父母並非神仙，他們也是普通的凡人，一樣容易犯錯。對所有的孩

子們來說，這項意識是一件令人痛苦及害怕的事實，在面對這項事實時，往往會伴隨著憤怒、寂寞以及失望。如果父母犯下錯誤而不自知，身為子女的只好「自我照顧」了，或不得不面對由別人來照顧的事實。孩子們在這種情況下所感受的失望及痛苦，往往會期望「其他地方必然會有某些成年人能夠瞭解究竟發生了什麼事」。否定一切的人之所以能夠使我們那麼容易認同他們的說法，進而本身亦對處境感到洩氣，正是因為負面情緒像感冒一樣，容易傳染出去。

對付否定一切的「邊緣人」，我們可以：

1. **保持警覺性，避免讓自己及群體中的其他人陷入沮喪與絕望之中：**敍述你個人較樂觀、但必須切合實際的看法，同時提出以往成功解決類似問題的實例來支援你的觀點。

2. **切莫為了試圖改變對方的悲觀看法而與其爭辯：**在問題尚未澈底加以討論之前，切莫過於急躁地提出你解決問題的變通辦法。當解決問題的方案經過認真考慮，預備付諸實施時，應立即向否定者提出有關負面作用的問題，預先設定最糟的可能要求。

3. **利用否定者所提出的論調作建設性的用途：**一方面用來約束大家免於過度樂觀，另一方面將之作為可能產生阻礙的預示。

4. **做好獨自採取行動的準備，並當眾表示自己實行該項計畫的決心：**對於凡事講求

有條不紊的人，必須先讓他們全盤瞭解狀況之後，才可要求他們配合行動，慎防製造更多的否定者。

抱怨者眼中的世界

在工作中，經常聽到一些抱怨聲，即使他們工作很努力，聽到的人也會覺得很煩心、很難纏。若要成功地應付抱怨者，需先瞭解他們行動背後所隱藏的真實想法以及自己是否易於被導入他們所持的不同觀點中。

在抱怨者眼中的世界，有三個因素結合使得他們將有助於解決問題的行動轉化為抱怨，那就是他們感覺自己：無能為力、聽天由命、完美無瑕。讓我們就這幾個因素分別加以分析說明如下：

1. 無能為力：人類對於自己能否控制及解決當前所發生的事情，在自信程度上各有不同。當然，大部分的人都相信，我們在人生中所遭遇的一切，乃是源於個人機運、我們本身的智慧與選擇，和別人對我們或為我們所做的好事或壞事等綜合造成的結果。當然其中仍有少數人深信自己才是唯一操縱自己命運的人。

至於抱怨者，則應歸類於那種自認無力管理人生的人一樣，在這種人的眼中，一

切發生於他們身上的事情，似乎都在他們所能掌握之外。從這種相當於宿命論的觀點

出發，一切事情的順利美滿，都依賴好的機運及別人賜予的協助了。而在這種論調之

下，諸如努力、能力、創造力等，亦變得對任何事項均毫無影響之力。同樣，自己人

生路途上的阻礙或挫折，只有假手那些真正願意幫助他們的人，其方法是首先讓對方

注意到，然後由對方採取行動。

2. **聽天由命：** 如果宿命論的觀點是抱怨者產生此種難纏行為的唯一因素，那麼其結果

必然是顯得知足、聽天由命式地接受一切狀況，而非抱怨影響所及，他們的人生觀自

然應是隨著人生的河流飄浮而下，接受好的，忍受壞的，同時深信個人的努力與否根

本無足輕重。矛盾的是，當一個人感到事情有所不妥，自己又無法解決，非得假手他

人加以處理時，理應明白告訴對方「必須」如何才是正確，否則心中深感不夠道義，

這種加以指示的特性，在抱怨者的話語中幾乎隨處可見。例如，抱怨者若埋怨你的工

作趕不上進度，無異指示你必須準時完成。

3. **完美無瑕：** 抱怨者之所以堅持此種行為模式，尚有另一項原因，抱怨別人足以使

他們本身顯得毫無過失、無可責備、清清白白以及品行上的完美無瑕，至少顯示給自

己看。他們透過埋怨的方式來獲得二次證明自己完美的根據，第一次是將自己觀察到

的不當事情推給於別人，第二次則是把責任推往他人身上後，再將自己的「美好」與

267　沉默寡言的邊緣人

他人所顯露的「惡劣」作比較，借此突顯自己。

抱怨者通常會如此想：「我已經提醒你注意了，也告訴你有關它的不妥之處，我已盡我所能，你怎麼做由你決定。」他們既已建立起是你而非他們的過失，他們所指出不妥狀況也尚未解決，他們對於你該做、能做卻又不去做的情形產生憤怒，便更加言之成理。

暗放的冷箭

有些公司裡山頭林立、關係複雜，利益衝突是根深蒂固的，因而暗地裡的較量也往往劍拔弩張。身處其中唯有洞察內情方能明哲保身，但若一個人天生坦坦蕩蕩，不屑爾虞我詐，一旦被暗箭射中又當如何？

和小毛同時進公司的阿威，性格內向，每天就看他低著頭、皺著眉，好像有天大的事極需他思考拍板。而小毛天生開朗，每位同事和小毛關係都很好，大概是兩人性格相差太大了，所以他們的關係並不怎麼好。因為小毛的工作表現突出，人緣也比較好，主管準備提拔小毛當市場部經理，於是找小毛談話。也不知道這次談話內容怎麼被他知道了，阿威就開始冷嘲熱諷，傳謠言說小毛很會拍馬屁之類，阿威也毫不

顧忌，這種話就當著所有同事的面諷刺小毛，讓小毛特別尷尬。小毛也不和他一般見識，就等著正式任命下來。等到正式任命如期下來，但他們公司有一項規定，就是接到命令之後仍要在公司裡待一段時間，徵求大家的意見，平常這都只是走走形式而已，不會有什麼問題。

但過了一個星期，主管很嚴肅地找小毛談話，表示公司收到了匿名信，說小毛生活作風有問題。這樣的誣陷讓小毛差點吐血，這麼老掉牙的招式現在居然還在使用，大概是覺得小毛剛離婚，就有被懷疑的理由，信的署名是「一個伸張正義打抱不平的同事」。小毛立刻就想到這個人是阿威，因為平時嫉妒排擠搶功總少不了他的份，而他在一開始的表現也實在讓人懷疑。幸好小毛和主管的關係不錯，幾位主管對小毛都很瞭解，也對這種匿名告狀的做法很不屑，最後這件事情就不了了之，小毛還是如願以償地當上了市場部經理。在小毛升職之後沒幾天，阿威就提出了辭呈，這樣小毛就更確信是他了，雖然小毛對匿名信事件隻字未提，但做壞事的人總是會心虛的。雖然被他陰險地在背後「戳」了一下，但小毛並不生氣，其實阿威完全沒必要走的。

被一個人放「暗箭」，可以不當一回事，因為是他在嫉妒，是他心理有問題；但如果被很多人放「暗箭」，那就要檢討自己了，很可能你的為人處世需要再檢視有沒有得罪人的地方。

分辨「成熟」與「世故」

生活中，總會碰到一些願意把自己隱藏起來的「邊緣人」，他們不讓別人知道自己的過去、家庭、朋友，也不讓別人知道自己對某些事情的看法。這種人往往難以相處，又讓人感到十分的神祕。

於是，就有很多人，尤其是年輕人感覺這樣才算是成熟，青少年總渴望自己能早點成熟，但往往又無法分清成熟與世故的界限，陷於世故的泥淖。的確，和一個成熟的人交朋友，會對自己的為人處事有很大的幫助。可是如果錯把一個世故的人當成一個成熟的人，恐怕不但無益，還有害了。那麼，到底怎樣區別成熟與世故呢？

成熟者能看到社會或人生的陰暗面，卻不被陰暗面所擊倒，沉靜的內心卻帶有一腔熱血。因為面對黑暗面，要有「不悲觀且堅信希望，能執著於當下」的努力。世故者也看到社會的陰暗面，但他們分不清主流和支流、本質和現象。他們或許曾在事業、理想、生活、愛情等方面遭受打擊或挫折便冷眼觀世，覺得人生殘酷，社會黑暗。他們自以為看透了社會和人生，以「眾人皆醉我獨醒」自居。而在生活中，成熟與世故的具體區別表現為：

1. **真誠與虛偽**：成熟者知道社會是複雜的，因此人的頭腦需要多思考。遇事要自己

思索、自己做主、不輕信、不盲從；與人交往，考慮複雜而不失其赤子之心，「和朋友談心，不必留心」；如果遇見不熟悉的人「切忌不可一下子就推心置腹」，因為這樣既不尊重自己，也不尊重別人，可以多聽少談，真正瞭解後才可以敞開交流思想。這是魯迅先生待人的經驗之談。世故者由於過多地看到人生和社會的陰暗面，因而錯誤地認為人世間沒有真誠可言。與人作「披紗型」的交往。和人交朋友像隔著一層面紗或一道牆，把自己的內心世界封閉起來，對人處事奉行「見人只說三分話，未可全拋一片心」的原則。與友往來，虛與周旋，別人的事自己探聽尤詳，自己的事隔牆難聞，說給別人聽的，淨是些「不著邊際」的話。

2. **互助和利用：** 成熟者在處理人與人的關係上，堅持互惠互利，互幫互進的態度，有福共用，有難共當，患難時見真情，世故者對周圍人採取於己有用者交往之，於己無用者疏遠之的態度。交往的熱情，則與有用的程度成正比。即使是對同一個人也不例外，就像果戈里小說《死靈魂》中的主角乞乞科夫，在剛當小職員時，百般討好巴結上司的麻臉女兒，當博得上司的好感，成為科長站穩腳跟之後，便馬上翻臉不認人，那個癡情的姑娘便成了他愚弄的對象。

3. **堅持原則與見風轉舵：** 成熟者遇事頭腦冷靜，堅持原則，有主見，自己該做什麼就做什麼。世故者觀風向、看氣候、見什麼人說什麼話，投人所好、八面玲瓏，採取

「隨風倒」的處世方法。當世故者與多愁善感的人交際，便把自己打扮成多愁善感的人，說話時，眼睛裡有時還會泛著淚光；轉身與性格多疑的人交際時，他又會裝得深不可測，與對方一起分析別人，奉勸對方應採取如何的態度來對付；而與率直爽朗的人談話時，他又會馬上變得正義凜然，會為朋友打抱不平、兩肋插刀；然而與喜歡息事寧人、凡事低調的人在一起時，又顯得老謀深算、久經風霜的樣子，把那些正直的舉動，說成「簡單」和「幼稚」，彷彿一切發生的麻煩都是因他不在場而造成的。逢人迎合不吃虧，他中有我成「朋友」，是他們的祕方。

4. 面對現實和玩世不恭： 成熟者對事敢於發表自己的意見，敢作敢當，有捨我其誰的大丈夫氣概，往往小事糊塗，大事清楚。世故者遊戲人生，採取滑頭主義和混世主義態度，專搞中庸，他們和人可以談天說地，但只是裝樣子，從不下結論，迫不得已時也有些言不由衷。遇有原則問題需要辨明時，則不問是非曲直，要不然就是模棱兩可，說些含糊不清的話，與人意見不一時，便以「今天天氣⋯⋯哈哈哈」的態度加以迴避。對於社會上存在的種種乖巧行為，雖知其隱祕，卻不露聲色，常常冷眼旁觀，既可明哲保身，又可留條退路。

5. 奮進與沉淪： 成熟者和世故者也許都經歷過生活的艱辛、人生的磨難。但前者把挫折當成奮飛的起點，重新認識社會與自我，努力不懈；後者則或者躬行「先前所憎

惡、所反對的一切」，拒斥「先前所崇仰、所主張的一切」或者乾脆對一切無所謂，企求超脫社會，也許還會與惡勢力同流合污。

成熟是人生成功的重要標誌，世故者只能把人生引入歧路。世故在人際交往中留下的印象是不可信、不可靠和不可近。一個這樣的人，自然很難在人生舞臺上有出色的表演。

第 13 章
酒精的奴隸

工作生活兩耽誤的酒鬼

喝酒應酬是職場上常有的事,但應該設定底線,不然
在酒精的作用之下,可能會發生無法挽回的事情。

做生意的智慧與取捨

華人講究入鄉隨俗。當一種社會風氣形成的時候，如果要維持良好的人際關係，要辦好事情，就必須迎合社會風氣；如果逆風而上，與社會風氣和潮流逆行，將會失去朋友、支持和幫助。下面兩位大學生的故事會給我們帶來一些啟示。

十多年前，振宇在大學畢業後，在北部的一所大學裡教書，雖然已在北部成家立業，但每年都要回一趟鄉下老家。每一次回家，他的心靈就會被震撼一次，家鄉的山林依舊荒蕪，鄉親們的生活依舊貧困。

振宇決心為家鄉闖出一條致富之路、他毅然辭去大學的教職，回到老家開始建造他的示範農場。可是，萬萬沒有想到，不到兩個月，他就和幹部們發生衝突。某一次，因為幹部上班時間在辦公室吃喝閒聊，振宇當著大家的面提了意見，他坦誠地說：「論輩分，你們都是我的叔叔伯伯，大家生活這麼苦，幹部不應該這樣怠惰，應該抓緊時間工作。」

幹部們聽到一愣，多少年了，還沒有人敢當面說他們的不是呢！他們敲著鍵盤，小聲議論說：「這晚輩，不過比我們多讀了幾年書，就覺得自己很厲害了！」

後來幹部們紛紛離開公司，剩下振宇無奈孤零零地守著空屋，守著他的農場，守著他

的人生夢想。

另一位大學生嘉辰主修工科，畢業後在南部工作。他嫌總公司太冷清，主動要求到基層工作，以便實現他的抱負：開發礦產資源，帶動家鄉經濟。才剛到職不久，他也有過類似振宇的遭遇。在家鄉選礦廠時，嘉辰發現用來建廠的大部分鋼材被主管拿去送人了。他氣憤地找主管質問：「你怎麼能把公有的東西隨便送人呢？」主管拍了拍嘉辰的肩膀，跟他說：「你呀，才剛入職，不懂得人情世故。搞設計不能死估計實際需求量，還必須有一些人情交流的手段，這是大學裡學不到的知識。」嘉辰恍然大悟，不再堅持自己的意見。這樣，他安然度過了自己步入社會的第一個險灘。在主管的眼裡，嘉辰能幹而又聽話，幾個月後，他被任命為副組長。

嘉辰為改變家鄉的面貌處心積慮，四處奔波。每處礦產的開發，每一座鄉鎮企業的建立，都浸透著他的汗水和「智慧」，與此同時，他不得不一次次地做了許多違背自己初衷的事，又一次次地原諒了自己。

人們誇獎嘉辰腦子特別靈活，他很得意。的確，通過幾年的奔波建廠，嘉辰領悟不少「人情世故」。他拉關係、走後門。請客送禮的技巧，已經到了爐火純青的地步。很自然地，嘉辰面前的紅燈少，綠燈多。

嘉辰在大學裡立下的志向漸漸實現了，也可以說，他成功了。可是，嘉辰卻苦笑

說：「我發現我越來越不像我了。雖然我是做出了一點成績，可是失去了許多寶貴的東西。當人們誇我做出成績的時候，我卻在想，是不是在現實生活中年輕人要成就一番事業，都要有一個與世俗妥協的過程，甚至要犧牲人格，以理想為代價？」

嘉辰的提問，需要我們每一個人去思考和回答，更需要我們每一個人去醒悟和研究。當然，書面上和討論會上，對嘉辰這種做法肯定是否定的。而現實中有誰能說兩個上班族的命運不是自己造成的？

所以說一個人要想成就一番事業，光憑正直和無私是不行的。因為社會上的人千差萬別，他們不可能都默守聖規，要知道過於拘泥形式是很難成就大事業。在職場工作中，我們是否也應該澈底權衡一下利弊，適當調整一下自己的戰術或者想法呢？答案是肯定的，因為適者生存。

工作離不開酒精嗎？

「喝酒好辦事」、「喝酒爽，夠朋友」，千百年來，不論何種國家似乎都有著揮之不去的喝酒情結，視酒為社會交往和拓展事業的靈丹妙藥。

然而，傅恆久卻被酒害慘了⋯他曾經是一名警官，卻因為酗酒而失去了工作，連打工也沒有人錄用，老婆跟他鬧離婚，風燭殘年的父母下跪勸他戒酒⋯⋯。

傅恆久出生在軍人家庭。由於父親是軍官，從前家裡來拜訪的客人很多，所以總少不了要喝酒。而傅恆久的父親酒量小，為了替父親解圍，傅恆久便時常為父親擋酒。慢慢地，他竟然喝上癮了。

某天深夜，傅恆久和同事們一起喝酒時，跟一位同事發生了爭執，被酒精淹沒沒理智的傅恆久竟然掏出手槍向同事的頭部開槍，那個同事一縮頭，子彈擦著他的頭皮射進了後面的牆壁！而開槍之後，傅恆久居然若無其事地躺在地上呼呼大睡。事後經技術鑑定，當時若是子彈再往下稍稍偏一公分，他的同事就會沒命。這一次，他被停職反省四個月，記大過一支。

為了勸他戒酒，年過七十歲的父親給他下跪，父親老淚縱橫地說：「曉楠啊，你再不戒酒，我可能會氣死在你的酒杯裡啊⋯⋯」白髮蒼蒼的母親也跪下⋯「兒子，請你戒酒吧⋯⋯」。

傅恆久也哭了，答應父母一定會戒酒。但他吃了許多戒酒的藥都無濟於事。之後，傅恆久被調到偏遠的鄉下派出所。那裡交通不便，人煙稀少，沒有主管的監督，沒有家人的約束，他的酒癮又上來了⋯⋯後來，已經結婚並有了孩子的傅恆久被調到某派出所工作。某一天，值夜班的傅恆久又喝醉了，居然帶著槍睡在外面空地上。所長查崗發現後，嚴厲地責罵了他。他當時雖然認錯，過後卻依然毫不悔改，仍然經

常酗酒打人，甚至頂撞主管。結果連續兩年他考績均不合格。

而後幾年是傅恆久最灰暗的日子，因為屢教不改，他被主管開除了！悔恨的淚水流出了眼眶，傅恆久覺得再也無臉面對親人、同事和朋友，他決定出去打工。然而工作卻不好找，最後是他那一八三公分的身高和結實的肌肉打動了一家大公司的老闆，聘他為保全，月薪二萬五千元。傅恆久心中極為悲涼…沒想到自己一個碩士研究生、威風凜凜的人民保姆，因為酗酒，居然落到了給人看門的地步！然而隨著長年的打工時間，幹過刑警的傅恆久處處顯示出他特有的精明和幹練，老闆為此很賞識他，將他提升為保全隊長，管理手下一百多名保全人員。

一天，一群加拿大外商在老闆的陪同下參觀工廠，傅恆久跟在外商身邊負責安全保衛工作。當時，老闆的翻譯因臨時病倒不在身邊，老闆和外商的談判都是經過外商的翻譯而進行的，這讓老闆覺得很被動。好在傅恆久的英語水準還算可以，他便立即主動上前充當老闆的翻譯。外商很驚訝，對老闆說，沒想到您手下一個保全素質都這麼高，跟您的合作很放心，並當場簽了一筆合約。

老闆大喜過望，事後給了他一個一萬元的紅包，並決定讓傅恆久做他的特助，薪水也漲到了三萬五千元。按說傅恆久時來運轉了，然而他再一次栽在了酒杯上！

一天，老闆告訴傅恆久第二天有一個重要洽談會，要他把資料準備齊全。可是當

天夜裡，傅恆久忍不住又喝多了。第二天，眼看就要到洽談時間了，傅恆久卻還沒有到，手機也沒人接。老闆氣沖沖地闖進他的房間，發現他正酣然大睡，地上的酒瓶擺了一片。老闆大怒，一腳踢醒了他，吼道：「你這個酒鬼，連自己都控制不住，我怎麼能相信你？你給我滾！」

傅恆久再一次失業了。同樣的事情又連續發生了幾次後，傅恆久澈底灰心，無可奈何地回到了老家。

傅恆久回到家裡後，巨大的失敗感湧上心頭，他煩躁極了，看到家裡櫃子有幾瓶酒就全部灌了下去。家裡的幾瓶酒喝完之後，他就向妻子要錢買酒喝，妻子不給，他惱怒之下竟然抓住妻子一頓痛打，兒子哭著叫喊道：「爸爸，不要打媽媽，那七個撲滿裡有我平時存的零用錢，你拿去買酒喝吧！」他竟然真的拿著兒子存的零用錢買酒去了……。

妻子再也受不了傅恆久的酗酒，帶著兒子回娘家。臨走時，她給傅恆久留下了一份離婚協議書。看著桌子上的離婚協議書，傅恆久才真正意識到再這樣下去，這個家就要毀了。他從外面抱回一大堆酒，一個人慢慢地喝著，他發誓：這是今生最後一次喝酒！

喝完後，他用菜刀劃破手指，在一張白紙上寫下了他的名字。然後，他又用手指

上的鮮血給兒子寫了一封信：「兒子，這是你來到這個世界上後，爸爸給你寫的第一封信。你是幸福的，因為你有一個善良且真心愛你的好媽媽；但同時你又是不幸的，因為你有一個因酗酒而喪失人性的壞爸爸。相信爸爸吧！我決定戒酒，你們等我的好消息⋯⋯」

寫完後，傅恆久離開家，甚至下定決心，萬一戒酒不成功就自盡，永遠地離開人世，因為他沒有臉面再面對父母和妻兒⋯⋯。

傅恆久把自己一個人鎖在安靜的小院裡，平心靜氣不去想酒，難受時他就以頭撞牆。在醫學界，把嗜酒成癮者戒酒期間的強烈反應稱為「酒精戒斷症候群」，長期的酒精依賴一旦突然中斷，人就會噁心、氣喘、失眠、四肢顫抖和大汗淋漓等，就像吸毒的人毒癮發作一般。剛開始的一週，傅恆久真想痛痛快快地死掉算了。每當他快要撐不住了的時候，就把父母叫進來看一眼，又掏出妻兒的照片看一看，然後不停地罵自己太對不起父母妻兒。然後，他就自己鼓勵自己：為了他們，死也要把酒戒掉⋯⋯。

為了跟酒癮對抗，他把上下嘴唇內外全部咬破了，連嘴巴內側都咬得鮮血淋漓⋯⋯，以前他幾乎遍了所有的戒酒藥都沒有任何效果，現在他決心憑自己的「精神療法」，用毅力戰勝酒精這個液體毒品！他要讓自己完全忘記酒，拋棄它、憎恨它。漸漸地，他的反應沒有那麼強烈了，也能吃一些飯了。此後，他開始每天看書、

聽音樂和慢跑，跟附近軍校的學員練習散打……。兩個月下來，他滴酒未沾！而且此後他一見到酒就難受，不是想喝，而是厭惡，真正地從生理上和心理上對酒產生了強烈的排斥心理，他終於戒酒成功了！

傅恆久首先直奔離家不遠的一家鮮花店，給妻子買了一束紅玫瑰，並在卡片上寫了兩句話：「你是我今生最大的收穫，你是我人生最大的眷戀！」當傅恆久手捧鮮花出現在妻子的辦公室時，妻子激動得當著同事的面哭了起來。結婚多年來，這是丈夫第一次給自己買花（他以前所有的錢都花在買酒上）。

傅恆久決定做茶葉生意維生。他花了一千元從二手市場買了一輛舊自行車，開始了他沿街賣茶的生涯。他從批發三百元一公斤的散裝茶葉，回來賣五百至六百元一公斤。由於價格公道、斤兩足夠，很多人都找他買茶葉。漸漸地，他又把茶葉批發給很多商店，銷量一下子大了許多，每天可以賺六、七千元。

靠著腳踏實地的茶葉生意，傅恆久有了近十萬元的積蓄。通過幾個月的推銷經歷，他發現每家飯店都用茶水招待顧客，但是絕大多數的茶葉都很難喝，而且老闆們的進價還很高。傅恆久找到一家老闆瞭解情況，老闆說：「我們根本就不懂怎樣識別茶葉，買的都是過期的陳茶，而且價格昂貴！如果你有品質好的茶葉而且價格適宜的話，可以長期供貨給我們！」

傅恆久發現了這個商機後，連忙回家跟妻子商量。妻子二話不說就把積蓄全部拿了出來，並向娘家親戚借了一部分錢，後來又用房屋抵押去銀行貸款，終於湊了一百多萬元。傅恆久去批發了幾車質優價廉的茶葉，很快就被各大飯店訂光，很多老闆甚至主動與他聯繫，他的生意做起來了。

不甘心只做個普通茶葉商的傅恆久，以自己的名字申請註冊了商標，自己加工製作茶葉。不久，「恆久牌」袋裝茶葉正式上市了，一開始就以物美價廉的特點，深受廣大消費者的青睞，銷量一路飆升……。生意做大了，傅恆久的應酬開始多了起來。

很多人都認為生意場上的事情離了酒就談不成，這對傅恆久是個很大的考驗：喝的話，又要回到以前人不人、鬼不鬼的樣子；不喝，又怕客戶們不高興，做不成生意……。

在生意和戒酒之間，他堅決地選擇了後者。剛開始時，因為拒不喝酒他丟掉了好幾筆生意，後來他感到這樣下去不行，便改變了策略。每次應酬開始前，他都會對在場的人講他戒酒的故事，很多次，當他講到父母給自己下跪、他痛打妻子和兒子的可憐話語時，在座的人無不動容。同是酒鬼，很多客戶和老闆對酒後誤事和給家庭帶來的痛苦都深有體會。結果往往原本想大喝一場的酒局，變成了對酗酒的檢討，很多人都不喝酒了，以喝飲料代替。很多老闆和客戶也由此更進一步地瞭解了傅恆久，非常敬重他的人品，與他的合作更堅定了。

也有一些老闆不吃他這一套，他就耐心地對他們說：「我覺得您把喝不喝酒，作為考察合作夥伴的標準有些兒不公平，您應該考慮我的人品和信譽是否可靠？跟我合作是否有錢可賺？如果這些兒都是肯定的，您又何必介意我跟不跟您喝酒呢？」部分明智的老闆見他態度真誠，又有做人的原則，也就爽快地與他合作了。

一次，一位英國老闆來當地考察、訂貨，並在酒店宴請幾位茶商，傅恆久也在座。那位英國老闆也是典型的酒鬼，當他聽了傅恆久的故事後，根本不相信酒這麼美妙的東西還會有人想要戒它，而且能戒掉！於是，他用生硬的華語對傅恆久說：「傅先生，你如果喝下這瓶酒，這次的一千萬訂單就是你的了！」一千萬！多大的一張訂單啊！對於事業才起步的傅恆久來說，具有多大的誘惑力。所有的人都瞪大了眼睛，傅恆久也感到自己一時呼吸急促，但是他很快定下神來，通過翻譯細述了自己做生意的原則，請對方慎重考慮，然後他轉身向外面走去。就在他快要走出酒店大廳的時候，英國商人叫住了他：「傅先生，有骨氣！我對您堅持原則的精神很欣賞，合約我和你簽！」

這次，傅恆久憑著戒了酒之後的做人準則，贏得了一千萬的大訂單。

後來，傅恆久心想這樣左推右擋太被動了，不如主動幫助生意上的夥伴們戒酒。他的一個朋友曾經因為酗酒滋事進過監獄，現在做了老闆後他喝得更屬害了，一醉就回家打老婆孩子，家庭關係因此搞得一團糟，老婆、孩子見了他不就更省事了嗎？他

就躲。他也想過戒酒，但就是戒不掉，於是傅恆久決心幫他戒酒。傅恆久耐心地分享喝酒的壞處，並告訴他，除了靠藥物戒酒之外，也要提升自己的毅力。但毅力從哪裡來？可以從醉酒後洋相百出的窘迫中來，也可以想想對家人的愧疚……。在朋友戒酒期間，傅恆久經常去陪他聊天、健身，細心地引導他。兩個月後，這個朋友戒酒成功了，而且跟家人的關係也變親密了。他對傅恆久感激不已，不但把商場的茶葉全部改為進傅恆久的貨，還為其介紹了很多自己生意上的朋友。此後，傅恆久又幫助不少老闆和客戶成功地戒了酒，他們對傅恆久更加信賴，合作關係也就更穩固了。

有了這麼多死忠客戶，傅恆久更順利了。在生意應酬場上，傅恆久再也沒有喝過酒，可是他的生意仍然越做越大。後來他已經成功地跨入了億萬富翁的行列。他以行動和毅力證明：不喝酒照樣能做生意！

現代人際關係防禦術

看破小人手腳，遠離豬隊友，

在善惡難辨的職場上，你需要的是能夠逢凶化吉的能力！

作　　者	孫大為
發 行 人	林敬彬
主　　編	楊安瑜
編　　輯	林佳伶
封面設計	柯俊仰
編輯協力	陳于雯、高家宏
出　　版	大都會文化事業有限公司
發　　行	大都會文化事業有限公司 11051 台北市信義區基隆路一段 432 號 4 樓之 9 讀者服務專線：（02）27235216 讀者服務傳真：（02）27235220 電子郵件信箱：metro@ms21.hinet.net 網　　址：www.metrobook.com.tw
郵政劃撥	14050529　大都會文化事業有限公司
出版日期	2023 年 01 月初版一刷
定　　價	320 元
ＩＳＢＮ	978-626-96669-5-9
書　　號	Growth-118

Metropolitan Culture Enterprise Co., Ltd.

4F-9, Double Hero Bldg., 432, Keelung Rd., Sec. 1, Taipei 11051, Taiwan

Tel:+886-2-2723-5216 Fax:+886-2-2723-5220

Web-site:www.metrobook.com.tw E-mail:metro@ms21.hinet.net

國家圖書館出版品預行編目 (CIP) 資料

現代人際關係防禦術：看破小人手腳，遠離豬隊
友，在善惡難辨的職場上，你需要的是能夠逢凶化
吉的能力！/ 孫大為著 . -- 初版 . -- 臺北市：大都會
文化事業有限公司 , 2023.01；288 面；14.8×21 公分
.--(Growth-118)
ISBN 978-626-96669-5-9（平裝）

1. 人際關係　2. 職場成功法

177.3　　　　　　　　　　　　　　111020275